# DON'T LEAVE ME THIS WAY

ERIC SNEATHEN

# DON'T LEAVE ME THIS WAY

NIGHTBOAT BOOKS

NEW YORK

ISBN: 978-1-643-62176-0

COVER ART AND DESIGN BY GWENAËL RATTKE
INTERIOR DESIGN AND TYPESETTING BY KIT SCHLUTER
TYPESET IN BEMBO & GLASER STENCIL

CATALOGING-IN-PUBLICATION DATA IS
AVAILABLE FROM THE LIBRARY OF CONGRESS

NIGHTBOAT BOOKS
NEW YORK
WWW.NIGHTBOAT.ORG

*to the ghosts who still roam this earth*
*knowing what has happened here*

# CONTENTS

# TELEMACHY

Tell me about a complicated man.
Muse, tell me how he wandered and was lost
when he had wrecked the holy town of Troy,
and where he went, and who he met, the pain
he suffered in the storms at sea, and how
he worked to save his life and bring his men
back home. He failed to keep them safe; poor fools,
they ate the Sun God's cattle, and the god
kept them from home. Now goddess, child of Zeus,
tell the story for our modern times.
Find the beginning.

—HOMER, *The Odyssey*, trans. Emily Wilson

## You Say to the Boy Open Your Eyes

Wind. Weather. Of the deep rigging. Repeatedly
How frail our ship our waves. Spill. There. Thread
Of sails on the lips. Held steady. I rub my eyes.
Love ahead. The bad weather. So they did. There
They poured libations to the passing of a shadow.
Salt lips touching. Marbled fingers. Night of oars
And weather. The score of wing beats. Kiss me
Repeatedly dusk. The smell of him. The crew and
Horrible wind. Sun. So our ship smashed into bits.
Purple waves. The quick black ship is everlastingly.
There. Love. Clouds waded boldly out into day.
We fall. Was splashing tossed companions. Sun
Scattered stubble. Little ship. Love's gleaming sky.
I place a delphinium till dawn the ship sailed on.

## When He Opens His Eyes and Sees

In coral harbors. In azure seas no longer yet.
The island dawn the sky. Scattered into birds
The night. My hull. The night fell from heaven.
We stayed there for two days listening to birds
Who built upon our hearts sky & sea. Pushing
Off in beauty's summer. The tackle down deep
With ropes and boarded. The mast making it
Tangible. Birds of teal. The sun transforming
Itself into. The clouds gathering a blue of bliss.
Love. It was a small island. Little ship his body.
To seize the tip and land began. The island
Till dawn. Filled the cups with wine. Sparks
Upon the eyes around his ankles. Little ship
Through the night. Peony the color of stars.

## The Light You Make Him Cry Out

○

The paths will catch us unawares. Ocean deep
Seagulls among them. Tempest. The saltwater
Aching in waves invade us. A raft is circling
And sea grew dark beneath it. Broken back-
Wards. Teeth chattering. Frosted with waves.
A wave crashed onto him. The rudder slips
Blue skies submerged. Thundered fractured
Darkness. One enormous gust. Reach surface
The raft. A sun. They were swept away. Love.
The sun is weeping a rolling gale. Sea birds
Lay in shadows. Then the men fell overboard.
His skull over sideways. The night's unending
Sails. And rowed with all our doom. We fly
Blasting. Whirling bolts. Seagulls in the waves.

*Saying O Blue Come Forth O Blue*

Sitting on the sea. Says I can remember him.
A man whose heart was full and rotating oars.
Not yet gone or Spring. Stay. Flowers. Stay
Inside. Open out of his mouth. The peony
Kisses the little ship. And climbed up above
Wind. Exhausted. A shadow always weather.
The fish filled the sea. Murmured with life.
Clearing the water from. Out of his mouth
Kisses and greedy lips. The slow blue loving.
He comes in waves and waves. Of this threat
Sways on. The blue heat. A bird in morning.
The blue thistles clung to life. Singing days.
I. Unfurled the shining sails. And I. Inside it.
Love is lifted. I wept that raft across the sea.

# I FILL THIS ROOM WITH THE ECHO OF MANY VOICES

I fill this room with the echo of many voices
Who passed time here
Voices unlocked from the blue of the long dried paint
The sun comes and floods this empty room
I call it my room
My room has welcomed many summers
Embraced laughter and tears
Can it fill itself with your laughter
Each word a sunbeam
Glancing in the light
This is the Song of My Room

Blue stretches, yawns and is awake

—DEREK JARMAN, *Blue*

## His Sandy Hair Just So. He's Inviting Me

Gaétan stripped off his t-shirt and fished
Out the obstacle: his gentle French accent,
The music, the gas was just starting. Gaétan
Like you've imagined him, walking backward,
Plunging the deep indigo of two mouths,
Four flanks hypnotically. He has left his face,
His sandy hair just so. He's inviting me
With a shifting of buttocks. Remember me.
Remember the roil of bathhouse mercury,
The chills. Remember fucking, that shame
And joy must be fucked. Rhythms of disco,
Yes. Yes, all night. He edged me in the sand,
Such an unusual appellation who spread
The door shut. Our summer's just begun.

# Gaétan's Perfect Finger Draws this Cluster

Gaétan's perfect finger draws this cluster
Of gasoline azaleas. Remember that each
One represents with choppy surfaces, men
Bent in upon his inviting smile. He curls
His mouth easily around such a young man's
Weekend of amyl or butyl. He didn't feel like
One of four thousand streaming to the party,
Saturated. Gaétan's ass, he is back again,
With the spray of untold others, the balance
Of the starry Milky Way expressed as circles
Of Crisco. His two nipples, four hands. That's
Right. His chest was his headshot. The hairs,
Black swoops of unfocused cloud: a thing
Indecipherable and zipping up slowly.

## He's Someone in this Place, a Gay Orgy Coming

Gaétan's a fine blonde in our new language.

He's someone in this place, a gay orgy coming

Back for its seconds. His meat between

My ribs and my hips, he intricately wrests me

Of my vacancy. My asshole's a black-fronted

Bar or a bookstore sinking, now engorged.

Immersed so proudly, I search for spectators.

Who has experience? In this theater, like all

Others, I play the drama of me continuously.

The introduction of characters, interactivity,

All-night encounters, climax, and separation.

My Gaétan shimmers all such discrepancies,

Saying, over the steam and the ruin, If

It's sung at breakneck speed, it's up to you.

## We Fall in Love, Exposing a Light Gold Neck.

When I first saw Gaétan over vodka martinis,
That day was more like yesterday, closing.
For him I'm an alcoholic back to the bottle
Of testimony, the need to swallow the dark,
And he was still jerking off into a blue blouse
Fragment. Strange stories like that—a bowl
Of penicillin and rubbing parts, his golden
Room, an enormous cavern filled with zeroes.
Its salt and its ooze, I tasted him. Dreadfully
Handsome, he blocks the image. His milk
Thinning down now. Feel me lapping there.
Hi. Hello. There, hello again. Drink me up.
We fall in love, exposing a light gold neck.
You see that test? It simply does not exist.

## As a Gay Male Flight Attendant. We Float

It takes only a touch from me, and I start
To go, directly up. See? All of us doing
The Boeing 747 in full
Bloom: a vibrant antagonism in the sky.
I get to watch them. The choreography
Of tight legs and jobs and uniforms
Tugging at my breath. Gaétan offers
Up his photograph, a signature cocktail
And laughs. He's everything I can imagine
As a gay male flight attendant. We float
Simply and fuck, but he's not fully air.
As he feels the poppers surge a French-
Canadian airline through him, through
Cameras he smiles down into me. Click.

## I Breathe It All In,
## Pulling Down a Huge Hit

Deeply tanned, the pig renews himself in sweat
And elbow grease, the spent cum of May.
My throat leaps for him from Sydney to Berlin.
Traveling worlds I'm sure I romanticize
Bunks tucked down with buds, an afternoon
Pissing behind me, their dicks upon my face.
I breathe it all in, pulling down a huge hit.
The body drained of its blow job, the erosion
Of slow, raw muscle splits from out of me.
I gawk, unmoored above my life. It's a long-
Raging high and fuck and shit. While burning
I was like Castro Street, groaning my brains
Out on a weekend, assed in minutes. Come
& get me friends. It's time to fuck the parade.

## A Sweet Mouthful of Red
## Checkered Shirt

He's slurping it up, thanks, and I concur.
I feel like we're one of them locked away
By the doors of his voice. I run away wild
To be unzipped, stoned and puking it
Up. Shoot it in me and a gasp was heard.
A shower opened in the air. A piss pan,
A sweet mouthful of red checkered shirt.
I was gallons of his piss and even younger
Lubricants. Let's see. We've done it before.
The age of begging springs away warm.
The insertion of quarters down to the right.
Love me there, strolling through turnstiles.
The left nipple pierced through to be so
Present. I flick that ring into the room.

## Luscious, You Are Yearning, And You Will Be

Luscious, you are yearning, and you will be
Mine. My Gaétan, used in brief moments,
You're a swimmer, naked in the love-plums
And melons of arousal, churning, divining
The strange delights that make me faint
From exultation. You let each breath blow
Forward to tell the story. The day, a wet rose,
Uncut and hung by the beach. I can be
Penetrated, inducing awe. I can be gilded
By beauty and, thus, short-circuiting pain.
Overjoyed on my hands and knees, a garden,
A slut, a revolution burns against the crown.
Turn over, and keep turning. For my kiss,
I promise to tell of thee like flesh forever.

*For Weeks. His Innards*
*Hanging Out of Mine.*

Everyone to the fuck scene! Disco beneath
The bar, the soundtrack's heinous breath.
Pour me that bottom kid from the 1980s
With a dick as big as Finland. Bend over
Beers and a little more of me downstairs.
Another one on the house. Gaétan wants it
Raw. Me: I'll take his dick, hips, and torso
Long, then luscious. Gaétan told me, so
I've come on in. Buzzed down to the floors,
It makes me want boots, a smug little smirk
For weeks. His innards hanging out of mine.
I disco, of course, and I get frisky over here.
Just some teeth biting the very taint of him.
Just my appetite to dazzle the door astray.

## Such a Slender Sight.
## A Sweet Fly Drops

About 25 years of love congregated
Around his face. The harp of his lips
Such a slender sight. A sweet fly drops
Its golden pollen and sparkling among
Lowly. Lower, the softened apricots
Of a twisted tree falling to my knees,
Pornographically agape. Say about 23
Years of age. A throat smears my mind
& emits peals of excitement. Likewise
He's bent over a long table—about 50
Each time of you. The box within a box.
The colors of his skin. Not a white male,
Really, improvised except for his age
And yet I identified him by his dying day.

## The Feeling of Three Men Sitting on a Tipping

Our investigator entered Nob Hill's embrace,
The feeling of three men sitting on a tipping
Point. Gaétan then raised his hands on mine
At about 11:45 p.m.
Our investigator began to unfold the balcony.
It was Gaétan's kiss that illuminated him
In the lips, lit him off the floor and fucked.
It was he who fell for another minor argument.
Through a skylight, then, two men were poured
With two orgasms, his two arms outstretched
Before each thrust. You tell me such stories.
The sweetest hearts, ready ears. Please know
I'll finish the matter. I'm out here mingling
The sound so you might escape from me.

## But They Did Want to Fuck, to Look Laid

But they did want to fuck, to look laid
On divans of body pouring onward,
To hear you're the first for his next cock.
The Hispanic male was down his throat,
No gulping, no hallway for resting against
The wall, no slurping, no gagging, nothing.
It's the neoliberal discourse: to be more
Responsible in his mouth full of gyzym;
At no time was there physical contact
Of any kind. We were safe in that room.
Oh, there was booze everywhere, drugs
Everywhere speaking of sex. He pulls
Down his jockeys like a window screen.
Oh, to be locked from the inside out.

## His Cozy Mustache
## Standing Above Me.

The film in the old projector spraying
These images spraying them all over.
My throat around his armpits. My ass
To his shoulders. Swallowing the rhythm
And screwing up the room to hear it.
Let it into him. The voice of somebody
Raised up like his curly brown hair:
A customer in the veil. Let it in. Let it in.
His cozy mustache standing above me.
That sight gets me through the window.
That fateful ass clasping for breath
When I entered him with black boots.
He throttled the books and magazines
For himself, but I was not loud enough.

## *We Want to Be Alive,*
## *or at Least Intactness*

We want to be alive, or at least intactness
To be counted with the singular and strong:
The urinals will have their June of music.
If not as sweat and blood, then as flesh
Curvaceous and succulent to the name.
He shakes the mane of piss from his head.
I could mine its lips broken, a life of meeting
Creatures who cluster in their door. Queens
Pitch warnings, Honey, watch that entrance.
He's up to no good. With his colorful contact,
Gaétan has had his orgy in me. I know it.
Those eyes strike me up in a conversation.
No, on either side, no. There's no treatment
For his fading light. But the machine felt fine.

## I Remember, in the Back Alley Zest of Us,

I remember, in the back alley zest of us,
This whole emphasis on thunder. It was
5:30. I had arrived early that night
To share a joint, some sex. And gossip says,
He's on angel dust. We had been doing that
Several nights a week, meeting a lot of—
You know—hairdressers. They wanted sex.
They were crazy. A monster once pounded
Them into a wall, a room packed with men.
A hundred rooms weeping fire. Inhibitions
Set aside, a flame gets used to its freedom.
Let me grab it? I too am chasing paper
Towels out here with the living and loving.
Heat's searing. I reach in. Let me have it.

## *One Was a Hunter.*
## *Another Two or Three*

One was a hunter. Another two or three
For treatment, go up five flights of stairs.
Go to it, getting. Go under moments. Go.
Now. Go back to your room, with feelings
Of joy. Go in jeans and a torn-up shirt.
With grey hair and a walrus mustache,
Go and knit them to use. Go overboard,
Adding a dry sauna and bad weather,
The scene worthy of Brueghel. Go to it,
In every cell, leave him little novelties.
Go up to admire his slicked-back hair,
And try to leave him quietly unspoken.
Go up to him and flirt and be gorgeous.
Leave him to tell the tale. Save the sun.

## The River of Ecstasy,
## Where I Crouch

Like, I can come man. I mean I love it
In the aisle, facing down everything:
Those sensual breezes delight my hips,
The far-off sounds of subway stations,
The river of ecstasy, where I crouch
Into unprotected raids of knee-length
White. I am this group scene, see,
Of throbbing balconies and meat racks.
My life is so very steamy and necessary.
Like long-lost brothers, the clothes piled
Up, rippling and huge, cathedral-like
In parts, they slip back into fornicating.
Yes, I stared at the position of the stars.
And, yes, I endure there. Ain't that a trip?

## Making My Life Lonely.
## I Ordered It a Beer.

It was his lumberjack shirt closed into a look.

His mustache resolved that way. It gestured

To me, it's possible to live here, you know.

This fist is full of people. This throat was dry,

So I went back and sat down, my pants a bar

With no windows or doors. It was dawning

A new age of sex and rock and roll and me.

It needed some air, another distant shore.

I held its breath, roughly. I went on to watch

These pieces inside of him. He's younger

Than I am, smaller, more obedient. The facts,

A limp little quantity, it came into my grave,

(I'll call it ecstasy, just another trip to the bar)

Making my life lonely. I ordered it a beer.

## The Violence in Lesions.
## Always the Lesions

He works the thighs at an unbuckled center.

I was there folding its leaves after sunlight,

Yes, I was running away, but not from him.

Air contaminated and the waters mixed up

The violence in lesions. Always the lesions

Defiantly staring back at us having such

A good time. Bits blown back and apart.

These men, they might be conspiracies.

They are social venues full of such heat.

The whips, leather hoods, and leashes

Let our hands fall asleep upon the floor.

Breathing and incomplete, we're the light

And danger in the streets. It's fantastic:

That we are only just a hint of ourselves.

## Rumors Come Unbuttoned,
## Social Like Lice

Let me not be voices flying in the air.
Fierce, bright, and all in, ram it up there.
Let me sword the sharp sounds, plummet
Deep into hauntings. For another broken
Shade, the garden wilds. Pleasure moves
Into me, get here, closer. Take to the bed
With the abruptness of deities. Falsify.
Create a crockpot that's tasty to the lips.
Dream you're in yourself without respect-
Ability. Gaétan, the door is your hand.
A ghost overturned at the collar. O fuck,
Rumors come unbuttoned, social like lice.
Foraged apart, floating in a GRID clinic,
I'm a ghost still beginning, any beginning.

## Our Scar Is So Crowded,
## Dulled Into Vagrants

Slipped past as postscripts, Gaétan's folded

Away with the napkins, kept wet with poison.

He's gone dirty with Saint's disease. Shaking

Vaguely, I keep throbbing my star for him.

I can catch my own death in North America,

Out rubbing the snow with all of my loves.

The powder, I've tasted its gender, diagnosis,

Economic status, or race. It's my face.

My shoulder all roomy, emptied out for

This history, though I've never even seen it.

Our scar is so crowded, dulled into vagrants

And criminals. I want them all and I weep.

The heralds and troubadours, they fly so high.

Yes, I dropped semen, but they proved it.

## Gaétan, You Can Make Them Into Anything.

Gaétan you can make them into anything.
San Francisco's homosexuals turned into
Supermarkets or parking lots. They're up
All night, waiting to be defiled, wedging
Sections of dismantled trucks into an ass,
Like canaries in a mine. They're knotted
Thirty feet above us, translucent with sperm.
Gaétan can make a bell of this knowledge.
Are you listening? He makes an attempt,
But the connection misses and falls flat.
Gaétan then swings out for larger doses
Of my little stomach-down heart. It beats
Between me and cytomegalovirus. I roam
Around in this feathering steam, stunning.

## Like Leftovers in the Fridge,
## Find a Way

Like leftovers in the fridge, find a way
To whisper to me. To smile and enchant,
My way was to give that charity a fuck.
I move to the side and cling to questions.
I acquiesce. I bend my knees to help
Zero in. Zero tingling down into my toes
And scalp. We pass it back and forth,
A dry cough in the Autumn of 1983.
A bigger slut there never was,
Spreading his hairy legs more and more.
I probed the meat with my fingers. I saw
(What's in each booth: bravely, my darling)
You say, I'm going to get less splendid.
I'm going to die in the very home I'm in.

*This New Thrill that Lasts*
*Your Breath Away.*

The dance floor bobbed around Gaétan,
This new thrill that lasts your breath away.
We called him to forests of perfect arms,
Jungles of sperm-fire cracking so many
Poppers. Our war was opening endlessly.
We go off to sling the room with the screams
Of animals—grunts and growls that turn
Inward, baths and corridors of long red nails.
The old ways, they did fade with the twilight.
My door now hugs slightly around someone
Else. I get my divorce. I buy my apartment.
Let me bury my dead to get on with it.
Goodbye: a maiming pool packed with naked
Bodies. Basically, people just stroll through.

## Being Sexual Was What
## Became of Ourselves.

Tricking myself through everything. In part
Being sexual was what became of ourselves.
Everything was aimed at sex. Our boyfriends
And our girlfriends, they hugged us whether
We were short, thick, or thin. The jerk
Of our hearts pumping sodomy, the rigid
Emotions we were allowed. (My personal
Feeling is one such gate.) We didn't want to
Be straight, and we didn't have more space.
There was no book on what we were doing,
So we took care of ourselves. All ages, all
Origins of sex were lost in unabashed lines
Of kissing and forgetting Gaétan in circles.
But there he was, electrically. We are older.

## Tell Me Again.
## Tell Me the Bare Sprinkling

Tell me again. Tell me the bare sprinkling
Of people, the patients under quarantine.
Tell us we left our notebook on floors
Of restrooms and park benches sweetly.
Tell me, thrashing a little. Rimming water,
A couple of guys call out to me, Come here.
They'd calculated the odds. They figured
The chance did not approach zero, a limit
Like a pinwheel blown past any shame.
And trending in lines, they were swarming.
Sliding into this pattern of warp & woof.
Victory & relief to let you know. A shield
That fails to seal you tight. Tell me again
They don't see it, just how far up this goes.

*Out On a Whim,*
*and I Cease to Be Terrified.*

When we went outside that particular life
Of drugs supplied, white flowers crackling,
The activity stood at the center of a graph.
It was my duty to make him feel made,
To be himself, the man who lost his future.
I won't let it go. I can hold it all it seems
The men were shuffled up and you, you keep
It breezy, though we're not all a lucky thing.
Doctors delivered up the guise of beauty,
And we went wrestling at it. My brain leaps
Out on a whim, and I cease to be terrified.
I begin to masturbate these letters. Try to
Catch all the gnats in somebody else's room,
To kiss them tightly. I couldn't, but I want to.

*Time Loops Back to Be*
*Parts of Bridges.*

Time loops back to be parts of bridges.
To stare out, I went at the land, my nodes
Like horses. The hours are sick, I said. At ice
Melting fast, I shouted, Take it down in me,
Go ahead. Take me three hundred at a time.
This crystal fatigue and culpability, quick
Suck them from my broken snout, shred me
A little apart and leave. You can cast me
Forward into an exhausted person, an arid
Desert might yet bloom. It feels good, very
Sane, to have it raked across my ass, Gaétan,
To be blown off the page. Breathe deep
Boy, each passage tries to hold you in place,
Greedily. A beacon, pretty much just like me.

## Absorbing the Obvious Things Like Beauty

Gaétan snatched me up, my dick like
Diamonds. I harnessed him completely,
Absorbing the obvious things like beauty
And strife. His voluptuous white teeth
Have gone supple. I keep paying for this
Fortnight of tokens to show me his face,
Those two dots above his name: the way
You can always call me him. Like certainty,
I wanted Gaétan to see me scientifically,
To examine me through this greasy lens.
I keep paying for it, and I seem to listen
Just listen as I shower him off with time.
I can't remove cruelty. I take what kind
Of test I can with him in yellowing ice.

## Throughout My Body, I Wept and Wept.

I try to unfold that indescribable male

Throughout my body, I wept and wept.

A depression that's difficult to read,

I wiped him off me. I wore him down.

My geography in sync with his porn,

I drench myself in gallons, buckets

Of queers. Clean-shaven ghosts enter

The premises, playing pool and dice.

The hot water, it continues to splash

That version of history. The tales told

To say anything, to talk again, together.

It's not over, and I am so very happy.

Please, another picture, one more film:

A man I am no boy, no zero, no pill.

## Red and Came Ripe Throughout
My Day Here

Someone come watch me smile like this wet
Floor with bottles broken in delightful free-
For-alls inside his mouth is an exquisite lube
Me hard enough to blow this load longing
For creatures seeping their filth drops down
Red and came ripe throughout my day here
I'm ready (never cleaned) the cum spit out
Fingering off a leather guy boots me hard
When I empty my throat inside it moaning
Screaming so feverish a frayed jock thickly
Thighs and straps squeezed blood so tight
It breaks into what we're meant to be here
A part of the breathtaking change of scene
And piss-stained I don't need to imagine it

## *And May We All Be Desired. I Was.*

Another machine that lingers outside
Your door, another occupant who opens
One way and then another. It's alright.
Everyone just reach in and take some.
I'm his ass engaged in seed, mouth fallen
Slack. All of my beautiful lovers wrapped
Up in tape and black leather, flesh flushed
While fucking my partner, his face inches
Away. Gaétan looks so woundedly, asks
Why are you interested in these people?
Nudging keys at me, straddles me. A kiss
Is no answer, but a wilderness of hearts
And fears. What else can I say? A record
Of real beauty lives in that house on fire.

# THE BRONZE AGE

Then the child of Zeus,
Helen, decided she would mix the wine
with drugs to take all pain and rage away,
to bring forgetfulness of every evil.
Whoever drinks this mixture from the bowl
will shed no tears that day, not even if
her mother or her father die, nor even
if soldiers kill her brother or her darling
son with bronze spears before her very eyes.

—HOMER, *The Odyssey*, trans. Emily Wilson

I made it to the river of redwoods meandering
And the late light upon mist began to blossom
Rolling into green ferns of fading and fallen
A deer leaped from out of the silver distance
Sways the thick canopy of fir over my head
I arrived in the redwoods the mist hung thick
The river flowing and plunging down into dark
I could make out the steelheads under surfaces
At the chalky white edge of the river's bank
Rumors of roots in the thickening underbrush
Of the starry Milky Way expressed as circles
Douglas fir and leaf maple and bracken fern
Drop temperatures emotionally into acorns
The chilly autumn air stirring the river gently

Fog streamed over the magnificent canopy

The stand of redwoods shivering triumphant

A couple of guys call out to me come here

As fallen logs and cones of each species

The grove life as inches of rainfall per year

Its golden pollen and sparkling among

The ants commingling roots to make baskets

Tiny seeds or lack of moisture the moonlight

A mouse in its Fahrenheit clearing the field

I breathe it all in pulling down a huge hit

Crammed in with abundance bare-chested

Evening redwood resin pouring in groves

Flickering wet beats to insects and fungi

Fairy rings pulsating trendy new branches

Redwood trillium with a liquor license party

In the musical pattern of dainty pink disco

It takes only a touch from me and I start

The lumberjack's ax or a violet petaled flower

The thump-thump-thumping of naked forms

Cover the forest floor fragile with laurel

Food and medicine growing hunkiest hazel

I was there folding its leaves after sunlight

The same parties turning yellow and orange

All-night encounters climax and separation

Thrives in clubs felt more like huge trees

The stench of poppers tucked into my belt

Big cocaine and quaalude bright blossoms

I saw it tea dancing across the green carpet

I disco of course and I get frisky over here

The music had started in his calloused hands

The moist conditions of himself pulsing out

His sword fern turned up for beauty and style

His whole body stems lost whirling in air

Nestled in my brain something so animal

The synthesized rhythm hips in the autumn

A certain kind of song gone mild and wet

Those eyes strike me up in a conversation

Intertwining needles and rags of old oak

He works the thighs at an unbuckled center

Just my appetite to dazzle the door astray

I went into the cottage and grabbed myself

Blushed my loafers sailing through window

So small so vulnerable right under his nose

I was gallons of his piss and even younger

I hung in unison with his brutish behavior

He laughed myself hanging from the hook

From the duffel bag a vegetable shortening

Bent in upon his inviting smile he curls

Pulling myself roughly he reached into me

The strange delights that make me faint

His forearm glistening me into the sling

As if I were his thighs zipping himself up

His mustache resolved that way it gestured

A deep huff of his hand dipping and flexed

It makes me want boots a smug little smirk

Yank between me pinning me to joyfulness

Yank between him pinning him to joyfulness

It makes him want boots a smug little smirk

A deep huff of my hand dipping and flexed

My mustache resolved that way it gestured

As if he were my thighs zipping myself up

My forearm glistening him into the sling

The strange delights that make him faint

Pulling himself roughly I reached into him

Spit inside him quick phrases of glamor

From the duffel bag a vegetable shortening

Just some teeth biting the very taint of him

He hung in unison with my brutish behavior

He was gallons of my piss and even younger

So small so vulnerable right under my nose

Plunging the deep indigo of two mouths

With no windows or doors it was dawning

He tore off his shirt pools magenta scars

Down his neck his throat heard wheezing

Toward the water the ugly purple blotches

Its salt and its ooze I tasted him dreadfully

Collecting his breath and trying to scream

The handsome chin disfigured flushing

Throughout my body I wept and wept

In the brown dirt among the white gravel

Vaguely I kept throbbing my star for him

I probed the meat with my fingers I saw

They walked in a series of dark black spots

For creatures seeping their filth drops down

Dripping cobalt his lungs running tyrian

These pieces inside of him

Painful          ultramarine gurgling puss

                 I fell upon

These rippling men                    the river

Melting fast                         in me

Air contaminated and

          the matter I'm          mingling

                    with his colorful contact

His eyes               coated in kingfisher

                    translucent with sperm

Blind and                         blue wings

               and I cease to be terrified

Tugging at my breath

                              it's my face
Limping a little          to reach the banks
How frail our ship              spill
Overjoyed

                    passing          flowers
                              the ship sailed on
A small purple spot

                              a wet rose
            might escape from me
In the low waters
            and sparse

                              on mine
                    a blue of
Scattered stubble

He rivered

        spilling breath

Wind weather

                into bits

    was splashing

     bruises softening

        swept away

  in waves

        defecating kohl

  a delphinium

        scattered into

Kisses and

   the water

         the peony

Well, my mind is finding peace again. Thank you for your encouraging letter—it is the best medicine so far.—You are <u>right</u> I must upgrade my attitude towards a full recoverage—but you know, there is always the storm that strike you when at least less expected. [sic]

—GAÉTAN DUGAS, quoted by Richard A. McKay

Gaétan Dugas wrote these words to his friend and former lover Ray Redford in 1982, two years before his death. Dugas had returned to his hometown of Québec City, where he lived out his final years surrounded by the familiar. His death was not easy, pleasant, or comfortable, though Dugas was defiant and glamorous to the end. Adding some context to the letter, scholar Richard A. McKay writes, "Having shaved his head in anticipation of chemotherapy, Dugas felt self-conscious without his usually immaculately styled blonde locks, a fact which compounded his altered sense of self from being sick with cancer." McKay gently combines his language with that of his source while honoring Dugas's errors, producing quotes within quotes: "'I feel nude,' he wrote, '& too many people turn around when I walk in the city.' He added, 'I feel like an <u>allien</u>,' underlining this thought with a single stroke of his pen." Throughout McKay's diligently researched account of Dugas's biography, the voice of the living nevertheless blends with that of the dead to produce something—not untrue, not more true—but in a particular relation to truth. This is the wager. In order to perceive something of the truth, this alchemy of the voice is necessary, even if it is fraught.

★   ★   ★

Dugas never met the man who would guarantee his celebrity, the journalist Randy Shilts, who would name Dugas as "Patient Zero" of the AIDS epidemic in his history *And the Band Played On*. Shilts was one of the preeminent gay journalists of his era; he was employed by the *San Francisco Chronicle* and author of *The Mayor of Castro Street: The Life and Times of Harvey Milk*. With this authority, he was able to advocate for additional coverage of the growing HIV/AIDS crisis in San Francisco, and, in his way, used his status, reach, and special access as a journalist to explicate the political dimensions of the crisis.

The publication of the bestselling *And the Band Played On* had a significant impact on the mainstream understanding of HIV/AIDS, including its juxtaposition of heroes and villains. Whether or not he intentionally twisted facts or failed to understand the underlying science, Shilts represented Dugas as a monster who stalked local bathhouses and, with a sociopathic indifference, intentionally spread disease to other gay men. In the decades following the publication of *And the Band Played On*, the fraudulence of Shilts's portrait of Dugas has been decried by activists and cultural critics, and proven false by epidemiologists and geneticists. Despite their arguments and various proofs, the legacy of Patient Zero has persisted. Even as it was understood to be a fabrication, Shilts's depiction of Dugas sold books and made headlines.

★   ★   ★

Anyone hoping to learn more about the historical context and biographical details of Gaétan Dugas and Randy Shilts should seek out Richard A. McKay's *Patient Zero and the Making of the AIDS Epidemic* and Andrew Stoner's biography of Randy Shilts, *The Journalist of Castro Street*. These have been indispensable resources for me, expanding my understanding of this fateful pair's complicated personal histories. More than the historical truth of these men, however, I am interested in the images, echoes, and worlds that cling to their representations.

In my early readings, Dugas existed among and between a series of phantasmic avatars. I became haunted—recognizing his faces, moods, and manners at times and places where he had never been. For example, when I watched the 1936 film *Dracula's Daughter*, I recognized Dugas in the Countess Marya Zeleska, who so desperately wished to be unburdened of her otherworldly desires. She seeks treatment for her vampirism, but Professor Von Helsing fails to cure her. In a moment of despair, the Countess calls for Lili, a local girl who arrives under the pretense of having her portrait made. The Countess speaks to the girl with an inhuman calm, then raises a hand. The Countess's ring shines brightly upon the face of the innocent girl, who becomes mesmerized, caught in the trap. Lili is fascinated and inchoate, for it is no longer merely the Countess she sees. She screams, and the camera pulls up sharply, holding on the face of a devil carved in wood.

There is an analogous scene in Shilts's *And the Band Played On*, in which Dugas lifts his shirt in a dimly-lit cubicle in a bathhouse in San Francisco. Like a serial killer, his movements are otherworldly in their devastating efficiency and effectiveness. He knows what he's doing; it's already done. Shilts writes, "He then made a point of eyeing the purple lesions on his chest. 'Gay cancer,' he said, almost as if he were talking to himself. 'Maybe you'll get it too.'"

★ ★ ★

Since being cast as "Patient Zero," Gaétan Dugas has persisted between and among texts, in an array of representations and fantasies. I wrote this book in order to listen these fantasies. I wanted to hear the clamor of a phantasmic bacchanal echoing in the corridor of an ongoing emergency. Clad in tight jeans and a flannel shirt, it is a fantasy that cruises me under the dim lights of the recent past. I perceive something of its winning smile beaming beneath its full mustache.

I responded to this advance with a wager. I appropriated the cut-up technique to blend and exaggerate the portraits of Gaétan Dugas and the "Patient Zero" that Randy Shilts had inspired. For source material, there was Randy Shilts's book, of course, as well as Brad Gooch's *The Golden Age of Promiscuity* and the singular film musical *Zero Patience*. To these, I added the testimony of some of my favorite sex-soaked texts that approached the scene of the sex club with the commitment of an anthropologist, including Robert Glück's *Jack the Modernist*, Patrick Cowley's *Mechanical Fantasy Box*, and Samuel R. Delany's *Times Square Red, Times Square Blue*. I added to these texts as I saw fit: the Denver Principles, safer sex literature, my own notes from the field (i.e., Steamworks in Berkeley), and the porn fantasies of my friends, which delightfully stuffed my email inbox. At the San Francisco Public Library, I found the reports of the plainclothes cops who had monitored the bathhouses and gay bookshops of San Francisco leading up to their closure. If what had been said about Dugas were true, perhaps he had already been described by the scribes of his age—one of the nameless helping hands or open mouths so essential to the scene.

★　★　★

When I first talked about these poems with Kevin Killian, he asked me to rethink my anger toward Randy Shilts. In Kevin's estimation, Randy had done a lot of good for the gay and lesbian cause but hadn't received due credit for his labors. Yes, Randy had come out in favor of closing the bathhouses and against groups like ACT UP, but, Kevin suggested, hadn't we all made mistakes? I trusted Kevin in all things, but I continued writing my poems. Then one day, while working at the GLBT Historical Society's archives in San Francisco, I came across an unpublished story by Randy Shilts. It was imperfect, but I was electrified by the experience. I felt like I had been delivered a dead letter, an apology from beyond the grave in the form of a ghost story.

"Ghosts" is a Bay Area creation, so of course it's about gay sex and real estate. After his older lover dies of AIDS, a young man goes prospecting, hoping to set up a spiritual oasis under the redwood canopies of Guerneville, CA. The property the young man visits is a bit odd; however, the place is priced below market, so the young man is ready to put his name on the dotted line. Just before everything is settled, though, he discovers the secret: the property is haunted. At night, the atmosphere is suffused with the mirth of throngs of men and disco, and he finds himself in the midst of a phantasmagoria of handsome men. It's charged with the wild freedom of the stories his dead lover told him about. He joins the party.

Eventually, and without protest, the young man gets loaded into a leather sling by some spectral stud, and he gets fucked while the other ghosts are watching. Then a familiar face enters the shed, and he gets fucked again. This second man turns out to be the recently departed lover, who penetrates the younger lover with a fiery vengeance. In the context of the story, it's an awful kind of justice; the would-be proprietor had stolen his fortune, which had been earmarked for AIDS charities. In a post-orgasmic haze, the young man climbs out of the sling to follow the crowd, which begins to disperse with the rising sun. They are getting older, sicker, bleeding, becoming undone. They seem to melt into the Russian River, leaving the young man alone. In the end, he abandons his plans to buy the old place.

★ ★ ★

As a piece of unpublished fiction, "Ghosts" is protected by copyright and cannot be reproduced without permission, so I can only gesture at it here through paraphrase. The previous paragraphs were one kind of paraphrase, and the final ten sonnets of this book are another. Para: a prefix with many meanings, including "alongside of," "beside," "near," "resembling," "beyond," "apart from," and "abnormal." Like fantasy, the sonnets of *Don't Leave Me This Way* hover abnormally alongside of, beside, near, in resemblance to, beyond, and apart from Gaétan Dugas and Randy Shilts, but, through their machinations, perhaps, they might meet—at least as texts, fantasies, and images, gestures, echoes. That is, yes, as ghosts.

May they haunt us with their complexity, fury, sexuality, and unfinished business. May we not leave the ghosts, but find them again and again at odd angles, in strange combinations with the world as know it. I believe this is what choruses of mourners sang for throughout the 1980s and '90s, reprising that undeniable disco standard made eternal by Thelma Houston, first sung by Harold Melvin & the Blue Notes, and given new life by The Communards:

> *Don't leave me this way*
> *I can't survive, I can't stay alive*
> *Without your love, oh baby*
> *Don't leave me this way*

Research for *Don't Leave Me This Way* was not limited to Gaétan Dugas and Randy Shilts. At different times, I also considered the histories of Mary Mallon (aka Typhoid Mary) and Robert Rayford. Ultimately, I chose to abandon the writing I had developed around these figures; however, it feels important to invoke their names here, as two essential precedents for thinking through the figure of Patient Zero and the origins of the AIDS crisis.

The story of Mary Mallon is better known, and I encourage people to read Judith Walzer Leavitt's *Typhoid Mary: Captive to the Public's Health* for a nuanced discussion of the conflicting vectors governing public health.

Robert Rayford's story, on the other hand, is less widely known. Rayford was a Black teenager from the St. Louis area who died from a mysterious illness at the age of sixteen in 1969. More than a decade later, once a test for HIV had become available, a sample of his tissue (since lost) indicated that he had died from AIDS-related illness.

In October 2014, I emailed Dr. Memory Elvin-Lewis, who administered care for Rayford and co-authored the case study on his illness and death that was published in *Lymphology* in 1973. She had no answers for me, though clearly Rayford's case had not lost its grasp on her. The final sentence of her email fascinated me: "Just remember much that has been written has simply been evolved by individuals having factual information."

In his remarkable essay "HIV 1969: HIV, History, and Race," Ted Kerr writes, "At the time, Rayford's death raised questions and also challenged what was known about the virus. It had not entered the United States in the late 1970s as had been assumed, but rather had been around at least a decade earlier if not more." Kerr's essay puts the histories of Rayford and Dugas side by side, drawing out a politics from the popularization of one story over another. For more, I highly recommend people read his and Alexandra Juhasz's *We Are Having This Conversation Now: The Times of AIDS Cultural Production*.

It cannot be forgotten that women have been at the forefront of every aspect of care, mortality, and activism related to the ongoing AIDS crisis. Fittingly, *Don't Leave Me This Way* was inspired by the poetry of a number of women, including Dodie Bellamy's *Cunt-Ups*, Theresa Hak Kung Cha's *Dictée*, M. Nourbese Philip's *Zong!*, Leslie Scalapino's *The Woman Who Could Read the Mind of Dogs*, and Wendy S. Walter's *Troy, Michigan*. These books offered a kind of formal care for this work. Thank you.

The quartet of poems collectively titled Telemachy is dedicated to Jocelyn Saidenberg, based on her chapbook *shipwreck*, which was published by Margaret Tedesco's [2nd Floor Projects]. "Red and Came Ripe Throughout My Day Here" is dedicated to Ted Rees.

Some of these poems have previously appeared, sometimes in different versions, in the following publications: *bæst*, *Berkeley Poetry Review*, *Faggot Journal*, *hold*, and *P-Queue*. My gratitude to the editors who supported this work over the years: especially Noah Ross, Lindsay Choi, Brittney Billmeyer-Finn, Francis Lo, Zoe Tuck, and Allison Cardon. I am also grateful to Sophia Dahlin and Jacob Kahn, who published a large selection of these poems as an Eyelet chapbook.

There are also a number of visual artists who gave this work new dimensions: Daniel Case, Ryan Funk, and Gwanaël Rattke. The daring nostalgia of their art helped make this book, and my listening to the material that informed this book, braver and wilder.

It took approximately ten years to bring this collection into print. I feel so extraordinarily lucky to have Nightboat as the publisher for this book, and I want to thank everyone there, especially Gia Gonzales and Stephen Motika, for their assistance and attention. I sing your praises.

Thanks to the four friends who supplied words for this book: Kimberly Alidio, Beth Freeman, Gabriel Ojeda-Sagué, and Brian Teare. And high up in the firmament of my affection: Angie Hume, Kevin Killian, Ted Rees, and Matt Sussman. What more can I say? This book would simply not exist without the support of my friends and fellow poets.

Eric Sneathen is a poet and queer literary historian living in Oakland. He is the author of *Snail Poems* (2016) and *Don't Leave Me This Way* (2023). With Lauren Levin, he edited *Honey Mine* (2021), the selected fictions of Camille Roy.

# NIGHTBOAT BOOKS

Nightboat Books, a nonprofit organization, seeks to develop audiences for writers whose work resists convention and transcends boundaries. We publish books rich with poignancy, intelligence, and risk. Please visit nightboat.org to learn about our titles and how you can support our future publications.

The following individuals have supported the publication of this book. We thank them for their generosity and commitment to the mission of Nightboat Books:

Kazim Ali • Anonymous (8) • Mary Armantrout • Jean C. Ballantyne • Thomas Ballantyne • Bill Bruns • John Cappetta • V. Shannon Clyne • Ulla Dydo Charitable Fund • Photios Giovanis • Amanda Greenberger • Vandana Khanna • Isaac Klausner • Shari Leinwand • Anne Marie Macari • Elizabeth Madans • Martha Melvoin • Caren Motika • Elizabeth Motika • The Leslie Scalapino - O Books Fund • Robin Shanus • Thomas Shardlow • Rebecca Shea • Ira Silverberg • Benjamin Taylor • David Wall • Jerrie Whitfield & Richard Motika • Arden Wohl • Issam Zineh

This book is made possible, in part, by grants from the New York City Department of Cultural Affairs in partnership with the City Council, the New York State Council on the Arts Literature Program, and the Topanga Fund, which is dedicated to promoting the arts and literature of California.

# Construye valor

Crea y lidera las empresas
que el mundo necesita.

**Alan Moore**

KOAN

© Ediciones Koan, S.L., 2022
c/ Mar Tirrena, 5, 08912 Badalona
www.koanlibros.com • info@koanlibros.com

Título original: *Do Build*
© The Do Book Company 2021
Works in Progress Publishing Ltd

Texto © Alan Moore 2021
Traducción © Eva Dallo 2022
Fotografía: © Julian Calverley 2021
Fotografía p. 82 ON Power © Árni Sæberg

ISBN: 978-84-18223-70-9 • Depósito legal: B-23784-2022
Diseño de cubierta: James Victore
Diseño del libro: Ratiotype
Maquetación: Cuqui Puig
Impresión y encuadernación: Liberdúplex
Impreso en España / *Printed in Spain*

1ª edición, febrero de 2023

# Contenido

**Para Liu Qian**
Tu forma de sonreír es un
regalo que se le concedió
a este mundo

No hay otra riqueza que la vida. Vida, incluidos todos sus poderes de amor, de alegría y de admiración. Ese es el país más rico y el que nutre al mayor número de seres humanos nobles y felices; el hombre más rico es aquel que, habiendo perfeccionado las funciones de su propia vida al máximo, también tiene la mayor influencia útil, tanto personal como por medio de sus posesiones, sobre la vida de los demás.

John Ruskin

1

**¿Qué necesita el mundo?**

Antes de que sea demasiado tarde, deberíamos embarcarnos seriamente en la tarea existencial más importante (y auténticamente revolucionaria) a la que se enfrenta la civilización moderna, la de conseguir que cualquier crecimiento futuro sea compatible con la conservación a largo plazo de la única biosfera que tenemos.

Vaclav Smil

**«¿Qué necesita el mundo?» es una de las preguntas más apremiantes de nuestro tiempo. ¿Por qué? Porque abarca toda otra serie de preguntas: ¿por qué estamos aquí?; ¿por qué razón existimos?; ¿qué valores constituyen los cimientos de lo que más importa?; ¿qué tipo de mundo estamos intentando crear? Debemos transformar nuestra mentalidad, pero ¿con qué fin?**

A gran velocidad, la pandemia de coronavirus nos ha llevado a un momento de transformación. Es una tragedia, pero una que representa una extraordinaria oportunidad para imaginar cómo podría ser un mejor futuro para todos nosotros.

Este momento, ahora, es la oportunidad. Las empresas pueden hacer el bien. Para rehacer nuestro mundo, podemos buscar el bien y manifestarlo en todo lo que creamos. Si queremos construir un futuro que valga la pena vivir, debemos intentar alcanzar el equilibrio entre nuestra economía, nuestro medio ambiente y nuestra civilización. Necesitamos reimaginar el propósito mismo de los negocios y el papel que juegan en la regeneración de nuestra economía, nuestro medio ambiente y nuestra civilización. Eso es lo que el mundo necesita de la empresa. Eso es lo que las empresas necesitan dar al mundo.

Debemos alejarnos de los devastadores efectos de perseguir el crecimiento sin fin, de las ganancias a cualquier precio.

La virtud universal de hacer el bien en los negocios, unida a la necesidad de una sociedad más transformadora y regenerativa, han permanecido silenciadas demasiado tiempo. Ahora estamos al límite: un tercio de toda la riqueza del mundo se acumula en paraísos fiscales *offshore*; estamos asolados por los incendios y las inundaciones; los glaciares de nuestras montañas están en retroceso y alimentan los océanos a una velocidad vertiginosa.

Las necesidades de tus clientes también han cambiado. Hace ya un tiempo que el debate sobre el tipo de mundo en el que queremos vivir ha dado un giro. Este ha sido propiciado por un cambio generacional de valores, por el conocimiento y la toma de conciencia de que, para muchas personas, nuestro mundo no funciona. La generación de nuestros hijos no tiene un billete al futuro. No tendrán trabajos de por vida. Sus pensiones no les generarán grandes beneficios. Muchos de ellos saben que no podrán permitirse comprar una casa. Sin embargo, y a pesar de todo, están repletos de valores. Pueden llegar a pensar mucho en el medio ambiente y sentirse profundamente preocupados por cuestiones de responsabilidad social, igualdad y diversidad.

Hoy en día hay en el mundo de los negocios una comprensión cada vez mayor de que contabilizamos las cosas equivocadas, y de que esto empequeñece nuestra visión del mundo. Hemos dejado de entender la vida como un todo, como algo íntegro. Debemos comenzar por aceptar la interconexión de nuestro mundo natural, porque la naturaleza no está diseñada de forma egoísta, sino para servir y cubrir las necesidades de todo tipo de vida. Necesitamos medir el éxito de una manera más cualitativa y enriquecedora. Necesitamos preguntarnos: ¿qué es el crecimiento?, ¿qué es el progreso?, ¿cómo los medimos?

Podríamos comenzar por valorar los logros de nuestro crecimiento económico en los últimos doscientos años, pero reconociendo al mismo tiempo sus crecientes limitaciones. Tenemos que cambiar cómo medimos la productividad, la prosperidad, la sostenibilidad, las ganancias y las pérdidas, y revisar los modelos de negocio diseñados para un crecimiento sin fin. Necesitamos medir la captura de carbono, la regeneración y la calidad de vida.

Quiero mostrarte cómo puedes contribuir al equilibrio que el mundo necesita. No saco esto de un imaginario «pozo de los deseos», sino de hechos reales, de personas que viven en el mundo real, que piden un cambio positivo y duradero, gente que está lista para crear, hacer y construir esa nueva realidad. Puede que llegar a Marte sea solo cuestión de tiempo, pero no todo el mundo irá, así que, ¿por qué no arreglar el planeta que ya tenemos?

Investigar para este libro ha sido un privilegio, pues he podido hablar con muchas personas maravillosas, todas ellas interesadas en construir un futuro mejor. De alguna manera, todas están involucradas en el mundo de los negocios. Han invertido años de arduo trabajo para crear estas compañías, a menudo luchando contra todo pronóstico. Sin embargo, hoy no podemos sino aplaudir los beneficios duraderos que, de manera colectiva, están logrando. (Algunos merecerían, incluso, una ovación en pie).

Nadie es perfecto. Todos estos negocios están en un viaje. Aspiran a hacer del mundo un lugar mejor a través de su visión, liderazgo, cultura, procesos de toma de decisiones, gobernanza, modelos de negocio, productos y servicios. No importa si eres empresa pequeña, mediana o grande, tienes un papel importante en la creación de un negocio que el mundo necesita.

El crítico y pensador social del siglo XIX John Ruskin identificó nuestra necesidad de ir más allá de la satisfacción de nuestro propios deseos. Tenemos que centrarnos en lo que nos sustentará para la eternidad. ¿Qué pasaría si nos planteamos lo que hacemos como obsequios a este mundo? Piensa en el tipo de mundo que estás tratando de hacer, construir y crear. Considera el propósito social de hacer algo, sea trabajar en un viñedo, un banco, una empresa energética, una granja o una empresa de zapatillas. ¿Cuán importante es para el mundo?

Inspírate. Siente el potencial de tus sueños. No te sientas abrumado. Cuando imaginas que algo es posible, le das la oportunidad de que se haga realidad. ¿Por qué elegí el título *Construye valor* para este libro? Porque tú construyes una nueva forma de vivir y trabajar, creando nuevos negocios para una nueva era con una nueva visión.

Los principios que comparto aquí para líderes empresariales y las preguntas que planteo en torno a cómo deberíamos diseñar y construir son una calculada provocación y una guía para desafiar nuestra mentalidad actual. El cambio tiene muchos beneficios. Si acabas de comenzar tu viaje como emprendedor o te encuentras inmerso en la fase de repensar el papel de tu negocio en el mundo actual, tómate el tiempo para hacerte las siguientes preguntas:

— ¿Qué mundo estoy tratando de crear?

— ¿Cuál será mi legado y el legado de mi empresa para las generaciones futuras?

— ¿Cómo sería mi negocio si fuera más bello?

— ¿Por qué querría hacerlo de otra manera?

Estas preguntas apelan a nuestro imaginario colectivo. Lo que hace volar tu imaginación es la sugestión, no la dirección. Es mediante este salto de creatividad imaginativa, tan convincente en su elegancia, como puedes dar luz a una nueva realidad.

2
**Construyendo
las bases**

Para que algo dure, necesita bases sólidas. Para que un negocio continúe aportando valor al mundo, tenemos que analizar su capacidad para inspirar y dar vida. Si queremos lograrlo, es necesario pasar de la idea de sostenibilidad a la idea de regeneración. Regenerar nuestra economía, nuestro medio ambiente y nuestra civilización es una forma de que nuestras empresas hagan el bien. Las bases de los negocios, ahora y en el futuro, deben fundamentarse en la regeneración, creando las condiciones necesarias para que toda vida prospere. Para mí, estas bases deben incluir belleza, naturaleza, biomímesis, diseño, valores y métricas, y gobernanza.

## Belleza

El espíritu humano necesita belleza. Nos enriquece y nos eleva. La belleza es un conocimiento que se siente, nos conecta espiritual, intelectual, sensual y éticamente con cada parte de nuestras vidas. Encarna la idea de que podemos buscar el bien y manifestarlo en todo lo que creamos en este mundo. Algo que he aprendido desde que escribí *Diseña. Por qué la belleza es fundamental para todo*, es que el espíritu humano se esfuerza por obtener más belleza. La belleza es buena; que la belleza es parte vital de nuestro ADN es una verdad universal. Tal y como escribí en ese libro, las cosas bellas se preparan con amor e infunden optimismo. Básicamente transmiten que la vida vale y puede valer la pena. Pero ¿cómo puede la belleza ser un marco para los negocios?

Peter Childs, quien fue director fundador de la Escuela Dyson de Ingeniería de Diseño en el Imperial College de Londres, afirma que las escuelas de negocios tienen que recuperar la belleza. Cree que esta ofrece un marco diferente para nuestro mundo: «Hablamos de racionalidad, filosofías, estética y ascetismo. El concepto de belleza tiende a estar reservado para lo bello en la naturaleza. ¿Realmente podemos proponernos hacer algo bello? Es una aspiración digna. ¿Podemos enseñar diseño bello, ingeniería bella? Seguramente se parece a ¿podemos enseñar temas como la creatividad?».

Y continúa: «Bueno, está claro que podemos aumentar la creatividad, y lo que la gente ya está haciendo se podría aumentar y mejorar en términos de belleza, y sospecho que, con el tiempo, todo el mundo se animará, de manera que lo que están haciendo se podría volver realmente bello en cuanto a su impacto en la sociedad». La belleza es, en esencia, un verbo, *hacer*. Yo hago. Así es como deberíamos ver la vida.

Climeworks es un ejemplo de esa idea de Childs según la cual hay todo un grupo de personas que buscan contribuir de manera positiva a nuestro mundo. El cambio climático es un desafío y una oportunidad. Necesitamos eliminar y almacenar diez mil millones de toneladas de dióxido de carbono al año. Calcularlo es fácil, pero la cifra es enorme. La tecnología de Climeworks extrae dióxido de carbono directamente de la atmósfera y lo utiliza para generar energía renovable o elaborar bebidas carbonatadas, o lo convierte en piedra y lo almacena a gran profundidad bajo tierra. Es una tecnología pionera y un negocio que permite tanto a individuos como a organizaciones contribuir a restaurar el clima y reducir el dióxido de carbono a través de un modelo de suscripción. Esto es economía regenerativa llevada a la práctica.

Everlane también pertenece a ese grupo de gente que trabaja por encontrar formas innovadoras de restaurar el equilibrio entre nuestra economía, nuestro medio ambiente y nuestra comunidad. Everlane vende ropa de origen sostenible. Fundada en 2011, cuenta con un millón y medio de clientes. «Hay que fabricar ropa que dure», dice Michael Preysman, CEO de Everlane. «Lo que hay que preguntar a los demás líderes es: ¿en qué lado de la historia quieres estar? Nosotros creemos que se puede ser ético y rentable.» La fábrica donde se hacen sus tejanos recicla el 98 por ciento del agua que utiliza (ver everlane.com).

## Naturaleza

La naturaleza nos llama, porque somos parte de la naturaleza. Pertenecemos al mundo natural porque estamos hechos del mismo material molecular. No se trata de una idea romántica; está probado que nuestra relación con la naturaleza es fundamental para nuestra salud mental y nuestro bienestar espiritual: los espacios verdes, por ejemplo, son beneficiosos para la salud. Entonces, ¿por qué no proteger eso de lo que estamos hechos? Según la filosofía budista, ser cariñosos y amables es nuestra verdadera naturaleza. Necesitamos tener una visión más amplia.

Para mostrar a las personas la belleza de la naturaleza, les pido que cierren los ojos y se visualicen en una nave espacial. Desde la ventana pueden ver el sol, la tierra y la luna colgando en el vacío infinito. Sentado a su lado está el astronauta Edgar Mitchell, que les cuenta que la primera vez que vio nuestro planeta y los cuerpos celestes desde el espacio, una sensación de asombro o euforia invadió todo su cuerpo.

Les pido que imaginen a Mitchell mirándolos mientras explica que las moléculas de su cuerpo, de los de ustedes y las moléculas de la nave espacial se crearon en una estrella antigua: «Todos somos polvo de estrellas». Y prosigo relatándoles la historia del «efecto perspectiva» (*Overview effect*) que experimentan los astronautas. Se trata de un cambio cognitivo motivado por una profunda necesidad de proteger la Tierra y servir a la humanidad. Se dan cuenta de que no hay fronteras y somos una única especie. La Tierra es un planeta pequeño y frágil en esa enorme e infinita entidad que es el espacio.

Dejo por un instante que el silencio ocupe el espacio en el que nos encontramos. Pido a la gente que abra los ojos. La resistencia se ha disipado. En su lugar se ha abierto un camino que me permite hablar sobre la alegría que nos proporciona el mundo natural, cómo este fomenta el asombro y por qué sabemos que somos parte de su estado puro.

Entonces planteo la siguiente pregunta: si todos estamos hechos del mismo material, ¿cuál es nuestro papel en este mundo y cómo tenemos que actuar? Este ejercicio lo he hecho muchas veces. Al principio siempre es recibido con diferentes grados de escepticismo. Pero sirve para reconectar a las personas con la naturaleza. Es una forma de replantear y comprender nuestra conexión con el mundo natural, sin la cual no podemos ni respetar ni desear proteger nuestro frágil planeta.

Ver el mundo como profundamente interconectado es imprescindible, simplemente para comprender causa y efecto. Dado que estamos metidos en el tema de la creación, es vital que mostremos cuidado y respeto por lo que tenemos. Sin este replanteamiento profundo, nos podría resultar complicado abordar los desafíos del diseño y estaríamos menos predispuestos a buscar soluciones transformadoras para los problemas de fabricación, arquitectura y recursos. Nuestra imaginación podría ser menos proclive a los saltos creativos en el desarrollo de los productos y servicios que este mundo necesita.

# Biomímesis

La naturaleza está llevando a cabo uno de los proyectos de Investigación y Desarrollo más largos e ininterrumpidos que existen. Ninguna compañía podría investigar a tan largo plazo qué hace que la vida prospere. Además, la naturaleza funciona en base al principio de regeneración, con un ecosistema complejo que sustenta toda la vida. Tiene sentido aprender de ese don de la naturaleza, pues ofrece una forma de entender los límites del crecimiento y cómo compartir recursos. Es en este punto donde las empresas pueden inspirarse.

La biomímesis consiste en aprender cómo se diseña a sí mismo el mundo natural y aplicar ese conocimiento a nuestra forma de cultivar, producir energía, fabricar productos, sanarnos y construir cosas. En su libro *Biomímesis*, la escritora especializada en ciencias naturales Janine Benyus describe los principios de la naturaleza: funciona con luz solar, utiliza solo la energía que necesita, adopta formas funcionales, lo recicla todo, recompensa la cooperación, aprovecha la diversidad, demanda experiencia local, frena los excesos y aprovecha el poder de los límites. Estos principios nos ayudan a pensar en los negocios de forma productiva, como filosofía y práctica. De esta forma, configuran las preguntas base sobre cómo operar una empresa y permiten reinventar y restablecer el punto de referencia de lo que significa ser parte de un negocio.

Las empresas con visión de futuro aplican los principios de la biomímesis a su diseño e ingeniería, a sus cadenas de suministro y modelos de negocio. Pensemos en el productor de revestimientos de suelos Interface, que se planteó el objetivo de transformar su modelo de negocio para que fuera positivo para el clima, desarrollando productos con emisiones de carbono negativas. El camino fue largo, pero su historia es importante porque demuestra que una empresa consolidada también puede emprender la transformación.

Geanne van Arkel, directora de Desarrollo Sostenible de EMEA (Europa, Oriente Medio y África) de Interface, explica: «Si queremos permanecer en el negocio a medio y largo plazo, no tenemos otra opción. Hemos elevado el listón y nuestro objetivo es ahora convertirnos en una empresa regenerativa. Todo el mundo debería aspirar a ello, de lo contrario, no hay belleza en lo que haces, ya sea vivir, trabajar o hacer negocios».

Otro ejemplo lo representa Bolt Threads, que produce dos materiales innovadores mediante procesos de producción inspirados en la naturaleza: Microsilk, inspirado en las propiedades de la seda de araña, y Mylo, un material de cuero hecho de micelio, una parte de los hongos. La producción textil es la segunda mayor fuente de contaminación del planeta. Los materiales de Bolt se fabrican con menos residuos y menos recursos naturales para reducir ese impacto ambiental. Bolt se plantea un mundo en el que no tengamos que esquilmar o contaminar nuestros bosques, océanos y ríos. ¿Y si están llegando mejores tiempos para nuestro planeta?

Brooks explica que el modernismo tiene mucho por lo que rendir cuentas. En su opinión, la belleza fue excluida de lo que se conoce como la proyección moderna de la ciudad debido a su asociación negativa con el movimiento City Beautiful del siglo XIX. Ahora nos volvemos a interesar por el legado que representan extraordinarios parques urbanos, avenidas y edificios municipales. Según Brooks, «forman una robusta infraestructura para nuestra vida urbana del siglo XXI a través de su generosidad, idealismo cívico y destreza en la ejecución». Esto da lugar a un mundo más abierto, que propicia que las comunidades echen raíces y sientan que tienen la propiedad del ámbito público, donde las personas pueden vivir armoniosamente.

Así pues, ¿cuáles pueden ser los beneficios de tal enfoque? Copenhague parece destinada a convertirse en la primera ciudad sin emisiones de carbono en 2025, con cien nuevos aerogeneradores. La capital danesa se erige como un nuevo punto de referencia para las ciudades verdes con su objetivo de reducir en un 20 % el consumo de calefacción y electricidad comercial; de lograr que el 75 % de todos los desplazamientos se realicen en bicicleta, a pie o en transporte público; de liderar la transformación de residuos orgánicos en biogás a nivel mundial; de instalar sesenta mil metros cuadrados de nuevos paneles solares; y de cubrir al 100 % las necesidades de calefacción de la ciudad con energías renovables. Todo lo cual es algo bello.

## Diseño

El diseño en las economías modernas no es secundario, sino esencial. Todo lo que el hombre hace ha sido diseñado: cultura, productos, servicios, códigos de programación, agricultura, arquitectura, materiales, la silla en la que estás sentado y la pantalla retroiluminada de tu escritorio. El diseño posibilita nuevas formas de pensar sobre nuestro entorno. El buen diseño siempre se origina con una pregunta bella: ¿cómo usar el diseño para hacer del mundo un lugar mejor? ¿Cómo diseñar mejores soluciones? ¿Cómo diseñar y construir ciudades para que sean mejores lugares para vivir?

El entorno que construimos da forma a nuestras vidas de muchas maneras. El negocio de la construcción requiere mucha atención y reflexión, porque todo nuestro mundo está hecho de estructuras. La arquitectura es, en su sentido más amplio, una de las herramientas más poderosas para la belleza, porque da forma no solo a vidas individuales, sino a sociedades en su conjunto. Lo que diseñamos y construimos debería estar investido de belleza y de todo lo que ello conlleva. Echa un vistazo al trabajo de la arquitecta Alison Brooks, que cree que la arquitectura tiene que recuperar el lenguaje de la belleza para los edificios.

Ganadora de un premio RIBA, de Brooks se dice con frecuencia que es una de las arquitectas líderes de su generación. Es conocida por sus proyectos de regeneración urbana, sus elegantes edificios modernistas y sus planes urbanísticos municipales «con visión de futuro». Brooks defiende volver al lenguaje de la belleza en la práctica de la arquitectura y el diseño urbano. La belleza es uno de los cuatro pilares que utiliza, junto con la autenticidad, la generosidad y el civismo, como marco para ejecutar la arquitectura que necesitamos hoy. El trabajo de Brooks incluye el plan urbanístico de Accordia en Cambridge, así como proyectos en Albert Crescent, Bath, en South Kilburn, Londres, y la Universidad de Northampton.

Las ciudades también pueden diseñar futuros mejores. Ámsterdam se ha comprometido a repensar y rediseñar cómo una ciudad puede convertirse en regenerativa, en un lugar que fomente una mejor calidad de vida en base a una visión a largo plazo y una política cuyo propósito no sea el crecimiento exponencial.

## Valores y métricas

La creación de un negocio bello tiene una dimensión ética. No hay nada de malo en obtener ganancias, pero uno debe preguntarse: ¿por qué estoy metido en este negocio? Las empresas de éxito se definen cada vez más por una visión del mundo basada en valores. Son empresas con un cometido, que luchan por formas más compasivas, responsables y ecológicamente regeneradoras de hacer negocios en nuestro mundo. Fíjate en la marca de zapatillas Veja, que cree que para construir un futuro en el que valga la pena vivir hay que intentar lograr el equilibrio entre economía, ecología y comunidad. Piensa en el fabricante de ropa para actividades al aire libre Patagonia, ocupado en salvar nuestro planeta.

Empresas como Veja y Patagonia son más atractivas para profesionales con talento y lideran de forma más efectiva porque se guían por valores. Como he dicho antes, nadie es perfecto. Hagamos lo que hagamos, extraemos nuestros recursos de alguna parte, consumimos energía, generamos desechos y utilizamos mano de obra humana. Sin embargo, al aplicar valores y métricas regenerativos, podemos construir un nuevo contexto, dando forma al propósito, la toma de decisiones y las definiciones de éxito.

En este caso, ¿cuáles son los valores y las métricas que debería usar un negocio regenerativo?

## Los valores y métricas de una economía regenerativa

No se equivoquen, nuestro mundo está profundamente herido, espiritual, ecológica y materialmente. Y sí, nos lo hemos hecho a nosotros mismos. ¿Por qué? Porque hemos desarrollado un conjunto de reglas basadas en lo que nos parece que es el éxito como civilización. Razón por la que ahora es el momento de reescribir las reglas de lo que constituye valor. ¿Qué significan esos valores? ¿Cómo definimos los criterios de lo que es un buen resultado, y cómo?

|  | Economía de extracción | Economía regenerativa |
|---|---|---|
| Métricas de creación de valor | **Ingresos** | **Contribuciones** |
| Interés principal | **Interés de los accionistas** | **Interés social** |
| Parámetro de éxito | **Valoración financiera** | **Impacto social** |
| Paradigma de crecimiento | **Exponencial** | **Circular** |
| Perspectiva / Ciclo de vida | **Corto plazo** | **Largo plazo** |
| Mano de obra | **Recursos humanos** | **Humanos con recursos** |
| Distribución del trabajo | **Departamentos** | **Comunidades** |
| Liderazgo | **Dirigir y controlar** | **Inspirar y motivar** |
| Organización | **Estructura** | **Cultura** |

*Métricas de creación de valor de una economía regenerativa.* Alan Moore & Mads Thimmer

anclada en el poder y la autoridad; su fuerza radica en el servicio transformador y en la sabiduría.

### 9. Organización

La organización está basada en una cultura rica y vibrante y en una estructura no jerárquica. Su gobernanza y sus creencias están imbuidas de valores que persiguen mejorar el planeta y reparar la sociedad. Las organizaciones deben generar un sentimiento de pertenencia más allá de la transacción financiera del cheque mensual. El sentimiento de pertenencia se nutre de las culturas que creamos a partir de las historias que contamos y los valores que compartimos. Así es como se consigue el mejor trabajo. Estas organizaciones se adaptan mejor al mundo complejo y fluido en el que vivimos.

## Gobernanza

Esta economía regenerativa está cobrando ritmo. Empresas de todo el mundo se están dando cuenta de los beneficios de convertirse en lo que se conoce como B Corp. Las empresas con certificación B cumplen con los más altos estándares verificados de compromiso social y medioambiental, transparencia y responsabilidad legal para equilibrar ganancias y propósito. Sirve como una clara declaración de objetivos en sus esfuerzos por reducir la desigualdad, la pobreza, conseguir un medioambiente más saludable, comunidades más fuertes y empleos dignos y de calidad.

Los miembros más relevantes de B Corp incluyen el fabricante de ropa para actividades al aire libre Patagonia, la marca de zapatillas de deporte Veja y el banco ético Triodos. Las empresas con certificación B aceleran el cambio en la cultura global para redefinir lo que significa triunfar en los negocios y construir una economía más inclusiva y sostenible.

Esta es la declaración de intenciones de las empresas con certificado B Corp:

— Debemos ser el cambio que buscamos en el mundo.

— Todos los negocios deberían gestionarse como si la gente y el lugar importaran.

— A través de sus productos, prácticas y beneficios, las empresas deben aspirar a no hacer daño y beneficiar a todos.

— Para ello, es necesario que actuemos habiendo entendido que cada uno de nosotros depende del otro y, por lo tanto, somos responsables los unos de los otros y de las generaciones futuras.

Cuando una empresa se convierte en B Corp, no solo se une, paga una tarifa y se pone un distintivo. Existe un programa de certificación y verificación con requisitos legales para tener en cuenta el impacto de las decisiones a un nivel más amplio, que se repite cada tres años. La certificación B Corp evalúa el compromiso en cinco áreas: gobernanza, trabajadores, comunidad, medio ambiente y clientes. Atravesar este proceso de certificación facilita que una empresa pueda aumentar su capacidad para construir un negocio que el mundo necesita.

Si diriges una empresa progresista, es fundamental que cuentes con la gobernanza adecuada. Resulta práctico vincularse a un marco legal y una estructura de empresa que esté basada en la necesidad de ir más allá del modelo actual de negocio, fundamentado en el crecimiento exponencial y todo lo que ello conlleva. Al dar este paso, independientemente de si es grande o pequeña, si está comenzando o ya está en marcha, la empresa se convierte en parte de la nueva ecología de los negocios. Y eso es algo realmente bueno.

3
**Liderazgo
generoso**

Si eres un líder, eres un constructor. Si estás construyendo algo, asegúrate de hacerlo bien. Aquí ofrezco algunas reflexiones sobre cómo encarnar un liderazgo bello, inculcando cierto tipo de valores, una mentalidad positiva y buenas prácticas de trabajo.

## Ser un buen predecesor

Algunos de nosotros nos hemos acostumbrado a la idea de que el ganador se lo lleva todo, sin necesidad de devolver o compensar en el futuro. Esta actitud tiene muchas consecuencias, ninguna de las cuales parece buena. No importa si el tuyo es un negocio unipersonal o si estás construyendo algo más grande.

Las preguntas que debes plantearte son: ¿qué estoy dejando para los demás? ¿Me convertiré en un buen predecesor?

Esto te ayudará a tomar decisiones difíciles, enfocar tu camino y reevaluar en qué consisten la riqueza y el éxito. Es un test de cordura que puedes realizar diaria, semanal, mensual o anualmente. Como escribió la filósofa y novelista Iris Murdoch en *La soberanía del bien*, «el concepto del "bien" no es el nombre de un objeto esotérico, es la herramienta de todo hombre racional».

# ¿Qué mundo quieres crear?

¿Qué hace que te levantes de la cama un lunes por la mañana cuando llueve a cántaros? ¿Qué hace que sigas adelante cuando algo te duele a rabiar? ¿Cuál es ese manantial profundo que mejor nutre tu creatividad? La razón es «transformar el mundo», es el fuego que alimenta la fragua. La estrella polar del camino que te lleva a tu verdadero yo y que sirve de faro a los demás. Se trata de ser fiel a uno mismo. No consiste en dinero o recompensa, ni es un ejercicio teórico. Las empresas que se preocupan por el mundo que dejan atrás crean vínculos y relaciones con personas que comparten esos valores y visiones del mundo.

La comercializadora de café Falcon Coffees busca «cambiar para siempre la forma en que se comercializa el café». Esto no es poca cosa, dado que el café se comercializa ya como una materia prima. Como consecuencia de ello, los veintiséis millones de personas del mundo que se dedican a cultivar café, satisfaciendo nuestra insaciable sed por ese producto, también suelen ser tratados como tal. Al establecer cadenas de suministro con comunidades agrícolas rurales para beneficio mutuo y con un impacto social positivo, Falcon Coffees desafía esa forma explotadora de trabajar.

El artista marcial japonés Morihei Ueshiba, que creó el Aikido a principios del siglo XX, lo hizo con el objetivo de proteger todas las formas de vida que alberga nuestro planeta. Doug Engelbart, inventor del *mouse* y pionero en el hipertexto y la videoconferencia, quería ayudar a las personas a compartir conocimientos para resolver colectivamente algunos de los problemas más acuciantes del mundo. Como fundador, piensa en el cometido de tu empresa. Pregúntate: ¿qué mundo quieres crear? ¿Cómo deseas vivir?

## Las prácticas de un líder

Tu primera responsabilidad es para contigo mismo. ¿Estás en buena forma espiritual, física y mental? De la calidad de tu ser depende cómo te mueves por el mundo. Reserva tiempo para ejercitarte cada día. Trabajar en uno mismo es una buena preparación para aportar al mundo lo mejor de ti. Es la calidad de tus pensamientos y de tus acciones la que trae amor, compasión, sabiduría y las acciones correctas a este mundo.

Christian Puglisi, chef estrella Michelin del Relæ, en Dinamarca, me habló sobre lo bello que es el ejercicio diario de ayudar a su personal a convertirse en cocineros meticulosos, trabajar el menú, mejorar la experiencia de sus clientes; y mejorarse a sí mismo. El hecho de progresar con la mayor pasión y energía es un trabajo para toda la vida. Considérate a ti mismo como un trabajo en progreso.

## La generosidad como liderazgo

La generosidad y los negocios no siempre van de la mano. No obstante, Guido Bernardinelli, director general de La Marzocco, fundada en 1927 y que continúa siendo de propiedad privada, ha mencionado las ventajas de esta asociación. Cuando le han preguntado sobre cómo ha logrado que su empresa sobreviva, prospere e innove, Bernardinelli se ha limitado a responder: «total devoción a nuestra gente». Las máquinas *espresso* artesanales de Marzocco están entre las mejores del mundo.

El liderazgo entendido como generosidad permite sacar partido a las mejores cualidades humanas. En los negocios, como en la vida, siempre deberíamos esforzarnos por devolver más de lo que recibimos. La generosidad es nutritiva para las personas. Crear las condiciones adecuadas para que tus empleados prosperen es clave para que te conviertas en el mejor y más efectivo líder que puedes llegar a ser.

El artista islandés Olafur Eliasson prepara una comida vegetariana fresca cada día para casi cien de sus empleados, lo cual me abrió los ojos a la plausibilidad de la generosidad. Eliasson dice: «Cocinar es cuidar a los demás. Es un gesto de generosidad». Afirma que comer juntos genera una conexión entre los seres humanos, la comida y el sol. La generosidad comienza con una invitación, y en manos capaces aporta un rico flujo de información que deriva en una comprensión más profunda del mundo. Eliasson tiene equipos con funciones específicas trabajando en diferentes proyectos. Quiere que sientan que están todos interconectados; lo hace demostrando que le importan de verdad. Como dice la monja budista y cocinera surcoreana Jeong Kwan, con la comida lo que realmente comemos es la «mentalidad de compartir». Eso es generosidad. En relación con tu propio trabajo, plantéate la siguiente pregunta: ¿cómo puedes mostrar generosidad como líder de una manera que alimentes el tejido cultural de tu negocio?

## El líder empático

Nosotros juzgamos. Nos juzgamos a nosotros mismos. Juzgamos a los demás. Estos juicios afectan el comportamiento y las acciones que emprendemos después. En mi camino vital he sido, en ocasiones, un terrible juez para conmigo mismo, lo que me ha llevado a lugares oscuros, y también un juez severo para con los demás; me he comportado de maneras de las que me arrepiento. A lo largo de mi viaje, me he dado cuenta de que lo importante es el trabajo personal. He aprendido que la empatía es como un superpoder. En la siguiente página hay una historia real sobre la empatía y el liderazgo.

## Tashi y el monje

El monje budista Lobsang se formó guiado por Su Santidad el Dalai Lama, pero hace unos años dejó atrás su vida como maestro espiritual en Estados Unidos para levantar una comunidad en las faldas del Himalaya. Allí cuida a niños huérfanos y abandonados. Tashi, de cinco años, ha sido la última en llegar. Su madre murió hace poco y su padre, alcohólico, la abandonó.

Tashi es salvaje, disruptiva y agresiva con otros niños. Hay lágrimas: Tashi tiene muchos problemas porque ha sido profundamente herida. Tal y como escribe Brené Brown, profesora de la Universidad de Houston y una autoridad en vulnerabilidad y liderazgo: «El dolor que no se transforma se transmite». Tashi está en modo de transmisión completa. Llega un momento en el que su maestro piensa que ya es demasiado. Y que hay demasiada disrupción para los niños que rodean a Tashi. Tiene que ir a ver al monje Lobsang.

Se sientan juntos. Lobsang tiene varias opciones: podría gritar, castigar o incluso expulsar a Tashi. En su lugar, escucha y habla con esta chica joven y enojada con gran compasión y empatía. Es un punto de inflexión para Tashi, que nunca ha conocido el amor, la compasión o la ternura. Todo lo que sabe es golpear al mundo y a quienes están en él. El miedo, el juicio, el rechazo y el abandono son poderosos impulsores de un comportamiento humano destructivo porque nos dicen que no somos suficiente. Si el sentimiento de no ser suficiente es la fuente de la que bebe nuestro comportamiento, no podemos conectar con nuestro verdadero potencial.

¿Cuántos de nosotros somos así?

El acto de empatía del monje Lobsang es un regalo para Tashi que, por primera vez, puede comenzar a transitar un camino más saludable. La importancia de establecer conexiones humanas queda patente en las palabras de Brené Brown: «La empatía no tiene guion. No hay una forma correcta o incorrecta de hacerlo. Es, simplemente, escuchar, estar ahí, frenar el juicio, conectarse emocionalmente y comunicar ese mensaje increíblemente sanador de "No estás solo"».

Cuando recibimos empatía, no solo comprobamos lo bien que nos sienta que nos escuchen y acepten, sino que, sobre todo, entendemos mejor la valentía que requiere compartir esa necesidad de empatía. La historia de Tashi me resuena porque sé que la raíz de la ira es el miedo. También sé lo que significa que te pongan a prueba. Hoy en día sigo un mantra: «No importa cuál sea la provocación, responder con ira nunca es prudente». La ira socava la autoridad.

Un líder realmente empático demuestra fortaleza, no vulnerabilidad. Es una cualidad que nutre. Permite conocer la verdad de las personas a un nivel mucho más profundo y encontrar su potencial. Si muestras empatía, las personas te revelarán su potencial. Este acto de valentía hace que empoderes y fortalezcas tu organización y su potencial. La empatía es una inversión que te compensará.

## Cómo aplicar la empatía en el lugar de trabajo

Imagina que estás dirigiendo un equipo que se podría decir tiene grandes expectativas de lanzar un producto o servicio innovador. Existe un resultado anhelado, pero se desconoce el camino hasta él. Surgen muchas dificultades y se necesita retroalimentación, hablar de tú a tú y colaborar con el equipo.

Piensa si sería posible establecer una serie de reglas sencillas: escuchar con atención, no interrumpir y realizar aportaciones constructivas.

A nadie se le dice lo que tiene que hacer, pero se hacen sugerencias. Las cosas no han salido como se esperaba, así que veamos en ello una oportunidad para aprender. El enfoque y el lenguaje son clave en cómo respondemos y participamos. Nuestro mejor trabajo lo llevamos a cabo en un espacio marcado por el amor, no por el miedo.

### Preguntas que hace un líder empático

— ¿Con qué comportamiento y lenguaje obtienes lo mejor de tu equipo?

— ¿Puedes establecer un conjunto de pautas para el liderazgo empático?

— ¿Se puede recibir a las nuevas incorporaciones mediante un ejercicio de empatía?

— ¿Hay alguna manera de guiar y acompañar a los miembros del equipo, ayudándolos a desarrollar todo su potencial?

## Toma ética de decisiones

No hay atajos para obtener resultados que valgan la pena. He sido testigo de demasiadas decisiones dirigidas a obtener ganancias a corto plazo, que hacen que el crecimiento constante al servicio de dichas ganancias se convierta en una enfermedad que puede llegar a ser terminal. Imaginemos una situación en la que los plazos son tan apremiantes que no tienes tiempo ni aire para respirar. Como líder, ¿cómo lidias con una gran presión, gestionando las expectativas de los inversores, los miembros de la junta y del equipo al mismo tiempo?

Imagina una empresa durante una junta. La primera está bajo presión. Hay que tomar decisiones para contrarrestar su pobre rendimiento económico. Varios miembros de la junta han ideado una artimaña para falsear las cifras de ventas de la empresa. Es un plan arriesgado porque, si se descubriese el engaño, las consecuencias podrían ser nefastas: una caída en el valor de mercado; una pérdida de confianza en la marca que impactaría en las ventas; una herida letal al equipo directivo; y grandes gastos en acciones legales. Este podría ser el legado de una decisión de este tipo.

Pero qué pasa si alguien pregunta: «¿Es esa la decisión más ética que podemos tomar?».

Es una pregunta simple, pero repleta de importantes implicaciones para la toma de decisiones comerciales: cómo ser honestos, cómo guiarnos instintivamente hacia un mejor resultado, cómo descubrir un camino basado en valores y cómo preservar el concepto de legado. Si eres un líder disruptivo, esta pregunta te ayudará a resistir la tentación de destruir cosas y, en su lugar, a usar el tiempo para construir. Dice el dicho que lo que surge de la inconcreción se queda en la inconcreción. Esta pregunta arroja luz en un mundo en sombras y ayuda a navegar hacia un mejor destino.

## Una bella toma de decisiones

Para crear un negocio que el mundo necesita, hemos de estar dispuestos a crear productos o servicios bellos y rentables. La pregunta «¿es esta la decisión más bella que podemos tomar?» demanda de nosotros una actitud completamente abierta y que aceptemos los desafíos con optimismo. Es una pregunta que utilizo cuando trabajo con organizaciones. He podido comprobar cómo, en entornos grupales, incita a las personas a dar respuestas veraces.

He aquí algunos ejemplos de preguntas de seguimiento útiles:

- ¿Cómo me afecta esto?

- ¿Cómo afecta a mi organización?

- ¿Qué es lo que no estaba percibiendo antes?

- ¿Cómo afecta esto a la cultura de la empresa?

- ¿Cómo cambia esto lo que pienso sobre mi capacidad de liderazgo?

- ¿Hay oportunidades de transformación que antes no veíamos?

- ¿Cómo podría nuestra organización crear y aportar mayor valor?

- ¿Cómo podríamos rediseñar radicalmente el negocio?

La pregunta de la «decisión bella» es crucial y permite a nuestra imaginación encontrar caminos alternativos, desvelando la acción correcta. Proporciona y exige una claridad cristalina. Como veremos en el próximo capítulo a propósito del fabricante de losetas de moqueta Interface, también puede ser una pregunta difícil de contestar. Pero nadie dijo que fuera fácil. Preferiría ser conocido como un pionero rentable con un futuro por delante, que acabar en la basura como un negocio fallido más porque nos apresuramos a reclamar un premio falso. Nunca se es demasiado grande para fallar.

Plantéate la pregunta «¿es esta la decisión más hermosa que podemos tomar?» dentro de tu propia organización. No hace falta que sea en relación a un asunto de gran importancia estratégica. Puede ser un problema cotidiano. Reflexiona sobre una situación pasada o por llegar en la que las decisiones que tomes darán forma a tu futuro. Esta simple pregunta reinterpreta lo que podría ser un buen resultado. Aquellos que se hacen preguntas más bellas pueden dar con respuestas más bellas.

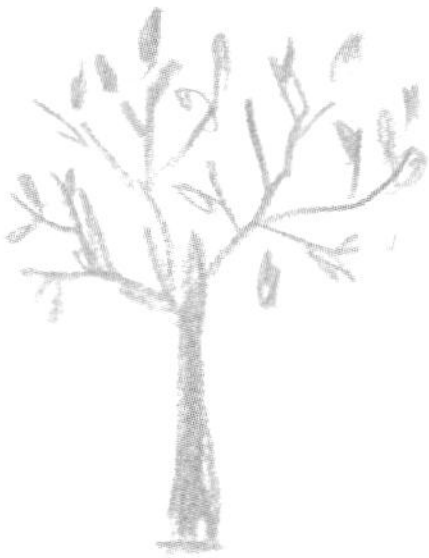

4
**La cultura
de tu
empresa**

La cultura es la base de cualquier organización, esa codificación psicológica única que da forma a cómo nos relacionamos e interactuamos entre nosotros, cómo hablamos, de qué hablamos, cómo nos hacen sentir y cómo tomamos decisiones. Es importante porque la cultura decide qué se hace. Creo que las culturas del trabajo basadas en la empatía, la generosidad y la reciprocidad pueden liberar todo el potencial creativo de una organización, permitiéndole asumir nuevos retos con optimismo. Permiten que los equipos de alto rendimiento puedan trabajar sin miedo en un entorno donde fluyen la adaptabilidad y la innovación. ¿Y quién no querría eso?

## Cambia de opinión para cambiar el mundo

Es posible que ya hayas logrado crear un negocio de éxito. Pero ¿qué sucede si tus valores han cambiado? ¿Qué pasa si crees que, rediseñando lo que haces y cómo lo haces, el mundo podría ser mejor? Hasta una empresa consolidada puede cambiar de opinión.

El fabricante mundial de alfombras Interface fue fundado por Ray C. Anderson y constituido en empresa en 1973. Interface fue pionera en el teselado de losetas de moqueta, satisfaciendo la necesidad de una economía que se enamoró de la idea de lo «grande»: una gran economía, grandes empresas, grandes oficinas y grandes retornos financieros. Evoca el recuerdo de *Dallas* y el Rancho Southfork en Texas. En 1978, las ventas de Interface habían alcanzado los once millones de dólares. La compañía salió a bolsa en 1983. Hoy en día su valor bursátil es de 1.530 millones de dólares.

Durante sus primeros años, Interface no era un buen amigo del medio ambiente: su extracción de recursos naturales y los procesos de fabricación generaron altas emisiones de $CO_2$, provocando contaminación y creando productos que acabaron, inevitablemente, en los vertederos. Entonces, gracias a la lectura de *The Ecology of Commerce* del empresario Paul Hawken, y más concretamente al capítulo «The Death of Birth» sobre la pérdida de biodiversidad, Anderson tuvo una revelación.

Decidió que las cosas tenían que cambiar. Se dirigió a sus inversores institucionales y compartió con ellos su visión de una empresa totalmente sostenible para 2020. La respuesta fue: «Genial, Ray, pero ¿generará más ingresos que el negocio actual?». Decidido a demostrarles que era posible, Anderson inició «Misión Cero». Lamentablemente, murió en 2011. Pero su visión para un mundo mejor ha prosperado.

Hoy en día, el programa Net-Works de Interface permite a las comunidades pesqueras de países en desarrollo dar una segunda vida a las redes de pesca desechadas vendiéndolas de nuevo a la cadena de suministro mundial, lo cual proporciona una fuente de materiales reciclados para la producción de alfombras. Con ello, la compañía ha creado un modelo de negocio circular inclusivo. Pero los materiales reciclados y reutilizados no llegan solo a través del programa Net-Works.

El cometido de Interface es obtener y desarrollar, junto con sus proveedores, materiales 100 % reciclados y de origen natural para los revestimientos de suelos que fabrica. Con su nueva iniciativa Climate Takeback, la compañía innova en el desarrollo de productos con huella negativa de carbono, como su loseta Proof Positive, que captura 2 kg de carbono en un metro cuadrado de alfombra, o su revestimiento de alfombras CircuitBac Green.

Se trata de una historia de cambio organizativo a gran escala, que implica el rediseño y la reingeniería de un modelo de negocio y una cadena de suministro. Una organización decide operar en base a un nuevo conjunto de valores y principios. Es un relato de «hermosa locura»: una empresa y su política de beneficios cortoplacista y social y ambientalmente dañina desafían la ortodoxia empresarial.

Hacer el bien es bueno para los negocios. Reflexiona sobre la cultura de tu propia empresa mientras lees este conjunto de ideas.

### 1. Apunta alto
Cuanto más ambicioso y aspiracional sea tu cometido, mayor será su poder. Sé irracional. No te conformes con objetivos que crezcan en forma gradual. Si quieres transformar algo, plantéate una meta que aún no sabes cómo alcanzar.

### 2. Un cambio de mentalidad puede cambiarlo todo
Aceptar la necesidad de cambio con el corazón y la mente es esencial. Sé abierto y muéstrate siempre dispuesto a considerar la posibilidad de un enfoque diferente y una mejor forma de hacer las cosas, desde el principio.

### 3. Toda visión necesita un plan
Para hacer realidad una visión, necesitas una misión, un plan y una forma de medir el éxito. Una ambición revolucionaria es imposible sin un plan de acción creíble.

## 4. Adopta un enfoque circular

Puedes avanzar estableciendo un sistema circular, pero esto, por sí solo, tiene un recorrido limitado. Para cambiar todo el sistema tienes que involucrar a toda tu cadena de suministro, es decir, a todos aquellos que están de una manera u otra involucrados en tu negocio, para crear un modelo verdaderamente circular.

## 5. Para cambiarlo todo, necesitas a todos

Tener un cometido es una cosa, pero progresar significa lograr conectar a todas y cada una de las personas en tu negocio. Esto significa motivar a todos para que se sientan personalmente involucrados para desempeñar su papel.

## 6. Un giro equivocado puede conducir al resultado correcto

Nunca es un proceso lineal. Acepta los fracasos como pasos necesarios en el camino hacia el progreso. Todos los pioneros de la historia han tenido que mantener el rumbo, aprender de los errores y seguir adelante cuando las cosas van mal, como a menudo lo harán.

## 7. Sé transparente

Sé tan transparente que te resulte incómodo. Cuéntalo todo y comparte las «métricas de toda la empresa». Prueba e impulsa nuevos enfoques de divulgación y transparencia que se puedan escalar a tu sector industrial y más allá.

## 8. Inicia una ondulación para crear una ola

Para lograr un impacto real en el mundo, necesitas influir en otros para que sigan tu ejemplo y ayudarlos a liderar el camino para los demás. Así es como se crea un efecto dominó que aumenta los impactos positivos a una escala mucho mayor de la que podrías alcanzar solo.

Sé consciente de cuándo necesitas un nuevo desafío o cambiar el objetivo. Rétate a ti mismo a dar otro paso transformador. Crea los procesos y diálogos internos y externos que te ayuden a prever el futuro.

## Crear un entorno de aprendizaje

Toda mi vida he trabajado como artesano. Al principio fui diseñador de libros y catálogos, y trabajé junto a artistas visuales como Anselm Kiefer, Richard Long, Cecil Collins y Helen Chadwick. Siempre he creído en la idea de que mi trabajo está al servicio de un fin social más amplio. Nunca he dejado de practicar la artesanía.

Desde que me pasé al mundo de los negocios me han encargado proyectos a largo plazo con equipos en los que mi primera tarea, a menudo, ha sido crear un entorno de aprendizaje, apoyar a las personas en la mejora de sus habilidades, cohesionarlas y mejorar la colaboración y el desarrollo personal.

Siempre he iniciado este tipo de procesos con el objetivo de lograr un mejor trabajo en equipo, para que este cobrara mayor significado y para que las personas aspiraran a crear productos y servicios de mayor valor y calidad. Hacerlo me salía de forma natural. A este enfoque de los negocios le di forma en un taller de artesanía.

Los mejores ambientes de trabajo son los espacios sociales basados en la idea y las prácticas del taller artesanal. Este inculca el concepto de un entorno basado en la confianza, la apertura, la diversidad, la exploración, la práctica y el conocimiento que se conserva, se desarrolla y se comparte. Así se crea un espacio para la reflexión y el desarrollo personal y profesional. También genera un sentido más profundo de conexión y comunidad. El trabajo que cobra sentido es una característica asociada a la artesanía.

Años más tarde llegó a mis manos *El artesano*, el libro del sociólogo Richard Sennett que explora la práctica de la artesanía. Sennett mostraba cómo esta práctica podría ser el epicentro del bien social en la sociedad moderna. Para Sennett, la artesanía es una capacidad innata en todos nosotros y «la naturaleza equipó a toda la humanidad con la inteligencia para trabajar bien (habilidades artesanales)».

Este conocimiento de los profundos constructos sociales de la artesanía nos permite imaginar cómo podemos, como individuos y seres humanos, volver a comprometernos de verdad con el mundo, el trabajo y los unos con los otros. Toda artesanía consiste, de una manera u otra, en «estar al servicio de los demás», y eso es lo que la hace diferente como marco para la vida.

La artesanía conecta la dignidad del trabajo con la idea de que mediante él puedes hacer, aprender y crecer más. Las empresas necesitan llevar la cultura de la artesanía, como una manera de trabajar, a sus organizaciones. Las herramientas de la artesanía pueden ayudar a dar forma a la cultura de una empresa.

5

**Productos
y servicios:
13 preguntas
sobre
el diseño**

**Lo que aportas a este mundo depende de ti. No sé qué me deparará el futuro. Pero sí sé que incluso el más mínimo detalle de buen diseño puede impactar nuestras vidas; y el buen diseño es fundamental para lo que aportamos a nuestro mundo.**

Podemos usar el diseño para estimular el espíritu humano, para elevarnos física y espiritualmente al conectarnos con nuestra naturaleza humana. El diseño eleva, nutre y mejora nuestro destino. Entrelaza nuestro bienestar espiritual y material. Siempre estoy buscando nuevas formas de interpretar esta creencia y filosofía.

Los pioneros del diseño y la arquitectura de principios y mediados del siglo xx abrazaron la idea de transformar la sociedad para crear un mundo mejor. En Alemania, la escuela multidisciplinar Bauhaus, fundada por Paul Klee, Vasili Kandinsky, Walter Gropius y Mies van der Rohe, se convirtió en el faro que iluminaría un movimiento más amplio hacia la transformación social y económica. Sin embargo, este no es el único espacio en el que encontramos arquitectos, diseñadores, artistas y artesanos que trabajan por las manifestaciones de un mundo mejor. Los arquitectos finlandeses Alvar y Aino Aalto, los diseñadores daneses Arne Jacobsen y Verner

Panton, y el diseñador finlandés Eero Aarnio encarnaban los mismos ideales que sus primos centroeuropeos y, a su vez, todos se inspiraron en el trabajo visionario de John Ruskin y William Morris.

Lo que sigue son 13 preguntas que todo fundador debería plantearse para llenar nuestro mundo de optimismo.

# ¿Importa?

Comenzamos con una serie de preguntas: ¿importa?, ¿te importa?, ¿le importa a tu equipo o a la empresa? Más trascendental aún, ¿es importante para el mundo? Como pioneros de la innovación, lo que aportamos a este mundo debería ser constantemente cuestionado.

La gente asume de manera automática que la innovación es algo bueno; creo que la innovación debe existir para mejorar nuestras vidas. Pero con demasiada frecuencia la innovación se utiliza como excusa para sacar más dinero a las personas, sin mejorar sus vidas. Aquí es donde la cuestión de la importancia se vuelve relevante: da una idea del impacto positivo que podemos tener en el mundo. Conecta con la aspiración a una transformación social y económica: los negocios al servicio de la sociedad y de la tierra. *Importa* que honremos a ambos. Es fundamental para la restauración del equilibrio entre la economía, la ecología y la sociedad. Importa que estemos realizando una contribución positiva a esta economía regenerativa. Importa que planifiquemos y actuemos a largo plazo.

El diseñador industrial Dieter Rams considera que el buen diseño es innovador, útil y duradero. «El tiempo del diseño irreflexivo para el consumo irreflexivo se acabó», afirma. Cuando todos entienden por qué importa es cuando escalas las más altas montañas.

# ¿Es transformador?

Como creador, debes aportar a este mundo cosas que tengan un significado, que sean valiosas y útiles, cosas que transmitan que «La vida puede ser mejor». ¿De qué forma estás mejorando la vida de las personas? ¿De qué manera estás nutriendo tu lugar de trabajo y a tus trabajadores? ¿Cómo estás creando en tu barrio un entorno donde todos pueden prosperar? ¿De qué forma estás transformando toda una industria para mejor? Tu manera podría consistir en erradicar la basura y las malas prácticas, en tener la capacidad de ver nuevas ideas y en el coraje y la convicción para buscar e implementar un cambio beneficioso y duradero. Si como negocio no es transformador, entonces es que no vas bien encaminado.

# ¿Es regenerativo?

Esta es una pregunta clave porque el lenguaje de la sostenibilidad nos está limitando. *Sostenibilidad* se ha convertido en una palabra sobreutilizada y diluida, que se trata como un objetivo. Para ser un negocio sostenible, basta con marcar las suficientes casillas en una lista de verificación. El cambio climático nos llena de temor, pero ¿quieres que tu corazón y tu mente vivan en un estado de temor? La regeneración debe vivir en el mundo cotidiano. Ella nos ofrece una vía para rediseñar cómo vivimos y cómo trabajamos. Su lenguaje es el de la nutrición, del bienestar, de la alegría y de la esperanza. Son cosas que todos queremos, universalmente.

El principio básico es: devuelve más de lo que tomas. El proceso de hacer, crecer, trabajar, educar, toda actividad humana debe basarse en la regeneración. Lo que necesitamos, sostiene Paul Hawken, son soluciones que restauren el bienestar humano, ecológico y económico.

Tu cadena de suministro debe transformarse en no extractiva y negarse a tratar a nada y a nadie como una mercancía. Si sigues trabajando en un modelo extractivo de negocio, estás muy lejos de alcanzar tu máxima eficiencia y productividad. En las cosas que creamos, necesitamos aportar belleza, compasión y empatía por partes iguales, ya sea en el terreno político, en el de la cultura del trabajo o incluso en cómo cultivamos nuestra tierra.

## Codificando la belleza

¿Cómo aplicar esto al ámbito digital? ¿Se puede programar la belleza? Nos preocupamos por la inteligencia artificial (IA) y el impacto del crecimiento de la automatización. Sin embargo, ¿qué pasaría si programáramos la IA guiados por el concepto de belleza? Una posibilidad que encuentro atractiva es la representada por la opinión Fei-Fei Li, profesora de la Universidad de Stanford: «A menudo les digo a mis estudiantes que no se dejen engañar por el nombre de "inteligencia artificial", pues no hay nada artificial en ello. La IA está hecha por humanos, destinada a comportarse como humana y, en última instancia, a impactar en las vidas y en la sociedad humana». Nuestra intención al tomar una herramienta da forma a lo que hacemos.

Uno de los problemas de la IA es que los códigos en sí, los algoritmos, pueden autogenerarse y transmutarse en cosas nuevas que quizá no hayamos previsto. Sin embargo, esto podría resultarnos beneficioso si lográramos desarrollar un código de autoaprendizaje que se autogenerase, se defendiera y se transpusiera en algo aún más útil constantemente. Esto sí suena positivo. Podría incluso ser bello. ¿Qué tal un algoritmo de IA que se mejora constantemente para trabajar en nombre de la humanidad?

## Construyendo para la vida

Después están las empresas que fabrican productos utilizando materiales derivados de los recursos finitos de la tierra. Fijémonos en dos compañías con sede en el Reino Unido, Vitsœ y Naim. La primera produce estanterías para el hogar, la segunda, equipos de sonido domésticos. Ambos diseñan sus productos para que duren mucho tiempo. Si tienes que extraer algo y no puedes devolverlo, entonces respeta sus orígenes y guárdalo de por vida.

## El único modelo de negocio que necesitarás

«El total» es un término acuñado por Gabriel Branby, fundador de la empresa fabricante de hachas Gränsfors Bruk. Holístico en su concepto, el término se refiere una visión económica de nuestro mundo basada en lo que tomamos, lo que hacemos y lo que desperdiciamos. Todas las empresas tienen que afrontar los costes asociados a estos tres aspectos. «El total» abarca la ética, el negocio, el proceso de producción, los productos y el mundo que habitamos. Branby dice que tenemos una responsabilidad ilimitada por «el total», una responsabilidad que intentamos pero que no siempre logramos asumir. Replantear un negocio para operar en función de este modelo aumenta la eficiencia y la eficacia, y también mejora la resiliencia financiera. No se trata de un concepto nuevo. Era la base sobre la que operaban todas las tribus indígenas del mundo. En nombre del progreso hemos descartado mucha sabiduría.

Si no estás trabajando en la neutralidad de emisiones y residuos, si no utilizas procesos de fabricación circulares, si no trabajas con metodologías de diseño y producción inspiradas en la naturaleza, entonces tu modelo de negocio está desactualizado y desfasado. Es probable que en los próximos veinticinco años, y de manera creciente, asistamos a la aprobación de leyes que penalicen los métodos de producción derrochadores y dañinos, así como el uso de tecnologías y negocios de producción basados en fósiles. Tal y como apuntó Mark Carney, director saliente del Banco de Inglaterra, justo antes de dejar su puesto: en un futuro muy cercano, aquellas instituciones que continúan «invirtiendo en combustibles fósiles» se darán cuenta de que estos serán pronto activos sin valor. Hoy, mientras escribo esto acompañado por el golpeteo implacable de la lluvia en mis ventanas, Australia arde. «El total» tiene su origen en el modelo de negocio de la naturaleza. La naturaleza lo usa todo. Su ley es que no consumas todo. Si eso sucede, veremos los créditos finales de la película: esto es todo, amigos.

# ¿Es útil?

Todo tiene utilidad. Una cuchara tiene utilidad, aunque he conocido algunas que no destacaban por ello. El papel de un producto, un servicio, una cuchara o un aparcamiento debe consistir en mejorar la vida de las personas o aumentar nuestra productividad. Las cosas que hacemos deben ser restauradoras y resolver problemas en apariencia irresolubles. Deberían elevar nuestra vida cotidiana al permitirnos hacer cosas.

La utilidad también debe ser elegante y estar formulada con gracia. Hay una coreografía en la utilización de las cosas, consistente en cómo podemos plantear los objetos y herramientas que usamos —la interacción entre el objeto, el usuario y el espacio—, que es donde podemos crear belleza y elevar la utilidad a algo que mejore la vida. Toda nuestra vida es una constante coreografía con herramientas y objetos.

La utilidad no debe servir de excusa para un trabajo deficiente o el uso de materiales no adecuados. Limitar la belleza a la apreciación visual y excluirla de los objetos prácticos ha resultado ser un grave error del hombre moderno. Hubo un momento en el siglo xx en el que diseñadores industriales, arquitectos y urbanistas estaban comprometidos con la idea de que el diseño era parte de una revolución social. Concibieron su trabajo como algo que podía transformar el mundo, liberar y mejorar la vida de las personas en su día a día.

Los diseñadores de muebles daneses, cuyo trabajo fue producido en masa, conservaron la esencia del origen de los materiales y el amor por lo hecho a mano en su fabricación. Los arquitectos finlandeses Alvar y Aino Aalto creían que los arquitectos tenían que concebir sus edificios como *Gesamtkunstwerke* u obras de arte totales, no solo como estructura y forma. Todo debe ser considerado y diseñado. Los Aalto dotaron a su trabajo de gran utilidad, innovación y humanidad.

Considera la posibilidad de aplicar esos principios e ideas a un contexto inusual. La contabilidad, se podría argumentar, tiene un sentido de utilidad. Las pequeñas y medianas empresas (pymes) tienen muchos empleados. La contabilidad es necesaria, pero los servicios profesionales de contabilidad disponibles son de la más variada calidad. Cuando el trabajo de los contables no es del suficiente nivel, hay consecuencias. Se podría decir que la contabilidad no es un tema agradable.

Sin embargo, la contabilidad puede estar bien diseñada en términos de utilidad y experiencia. Xero es una plataforma de software de contabilidad para pymes. Da respuesta a la pregunta: ¿por qué dedico tanto tiempo a la contabilidad? Elegante, sencillo e intuitivo, Xero también utiliza la automatización para ofrecer un servicio de alta calidad a sus clientes, a nivel mundial. Antes de Xero no había nada como Xero. En 2019, su valor de mercado superó los ocho mil millones de libras. Xero ha demostrado lo hermosamente útil que puede ser la contabilidad en el día a día. Esto recuerda a la forma de trabajar del gran artesano japonés Soetsu Yanagi, que creía que se puede adquirir un profundo conocimiento de la belleza buscándola en objetos funcionales que forman parte de nuestra vida cotidiana.

# ¿Puedes crear una experiencia placentera?

Me acuerdo de cuando aprendí a andar con mi primera bicicleta. Era roja. Este recuerdo, la alegría pura de ser capaz de mantener el equilibrio y propulsarme hacia el mundo, nunca me ha abandonado. Años más tarde experimenté otra alegría, la de subir en moto a la montaña más alta de una isla griega con un buen amigo. Estar de pie en un bosque con olor a pino, con vistas a la bahía donde había nadado a primera hora de la mañana en aguas cristalinas mientras los pequeños barcos de pesca dormían, fue otro momento de sensual revelación. Tener en la mano mi primer iPhone* mientras mis dedos giraban, tocaban y se deslizaban por una pantalla intuitiva fue un momento de epifanía sensual. Continúo usando mi viejo iPod porque su rueda de navegación diseñada para el pulgar humano me sigue proporcionando alegría, sí, alegría. Firmado por Jony Ive, es un ejemplo de cómo el diseño puede ser transformador, incluso de la manera más pequeña. Todo diseño es sensual.

Siento alegría cuando el sol de invierno, que cuelga bajo en el cielo, inunda el paisaje, el aire limpio repleto de optimismo. De manera similar, he visto las caras sonrientes de las perso-

---

*   Todos nuestros dispositivos móviles contienen elementos finitos de tierras raras. Nos dicen silenciosamente que nuestro mundo también es finito.

nas al utilizar un aparcamiento de varios pisos totalmente automatizado en Aarhus, Dinamarca. Todo ello me sirve de guía sobre cómo quiero usar el diseño.

Todo es experiencia, buena y mala.

La alegría tiene que ser el núcleo de lo que diseñas: alegría real y memorable. Como diseñador, quiero saber: ¿qué se siente con esta experiencia?, ¿cómo creamos experiencias alegres?, ¿cómo hacer que parezca de otro mundo?, ¿cómo lograr que nos llene de asombro?, ¿a qué sentidos queremos apelar?, ¿dónde podemos buscar inspiración? La alegría de la cima de la montaña, el olor del pan en el horno o una idea que nos guíe hacia los detalles, como *Ma*.

*Ma* nos muestra que el especial atractivo de la música japonesa radica casi por completo en sus ritmos, que incluyen delicadas variaciones y retrasos entre notas, conocidos como *Ma* (espacios). Para los japoneses, *Ma* lo es todo. *Ma* se inspira en la naturaleza. En una conversación con el autor Alex Kerr, un actor de Kabuki le explica: «¿Alguna vez has estado en las montañas y has escuchado al cuco? Dice cuco, cuco, con la más mínima pausa entre sílabas. No dice kuku-kuku como un metrónomo».

# ¿Es elegante lo que creas?

Mi mentor, el diseñador Derek Birdsall, decía a menudo: «Alan, que tu trabajo sea siempre elegante». Su mirada de reojo, el gesto de la mano y el impecable y profundo tono de su voz lo decían todo. Como hombre más joven que era, me resistí a su invitación, a su desafío de hacer que todo fuera elegante, pues hablábamos de diseño, tipografía y cosas de ese tipo. Al crecer, pude ver elegancia en el oficio de Derek, en su trabajo. Pensé también en mi padre. Nació en 1929 en Haggerston, una de las zonas más duras del este de Londres, pero fue siempre elegante de una manera humilde. Podemos elegir.

Me lo tomé como un principio, una senda para poner a prueba mi trabajo en cuanto a su elegancia y utilidad. Cuando descifras la elegancia como idea, descubres muchas aplicaciones para la creación de negocios bellos. ¿Es la cultura de tu empresa en el lugar de trabajo elegante? Los productos y servicios que diseñáis tú y tu empresa, ¿resultan elegantes? ¿Es elegante la experiencia del usuario? ¿Cómo atiendes a tus clientes?

Para mí, la elegancia consiste en descubrir la belleza que habita las cosas del día a día. Puede ser invisible, como esa puntada hecha con tal habilidad que marca la diferencia, pero que nunca ves. La elegancia es parte de una mentalidad; es una filosofía, un comportamiento y un principio de diseño.

# ¿Estás haciendo algo de calidad?

La calidad del pensamiento se manifiesta, a su vez, en la calidad de la acción. Incluso la forma en que caminamos por la vida no es más que la calidad de nuestro ser. De la calidad provienen todos los buenos materiales, calidad es cómo se cultivan. La calidad es cómo trabajamos, las condiciones en las que trabajamos. La calidad es la experiencia que creamos para los demás. La calidad se puede ver en los ingredientes y su procedencia, la experiencia creada y en cómo se presentan. La calidad nos pide que seamos lo mejor que podemos ser. Eso requiere disciplina. La idea de calidad exige constancia y poner el listón alto.

El tiempo juega un papel importante, porque las obras de calidad requieren tiempo para llevarse a cabo. Fijémonos en la empresa de construcción japonesa Kongō Gumi, fundada en 578, la más antigua compañía independiente del mundo, que funcionó ininterrumpidamente construyendo templos budistas a mano hasta 2006, cuando se convirtió en una subsidiaria de una empresa más grande.

*Takumi* es el término japonés para designar a un «maestro artesano» que ha invertido miles y miles de horas en el perfeccionamiento de una habilidad artesanal. Kongō Gumi emplea a *takumis* que diseñan y levantan edificios de la más alta calidad. Esto requiere tiempo, disciplina, práctica y concentración. Las obras de calidad tienden a durar.

Estos son los principios en los que se basa la empresa:

— Usa siempre el sentido común.

— Concéntrate en tu principal área de negocio.

— Garantiza la estabilidad de tus empleados a largo plazo.

— Mantén el equilibrio entre trabajo y familia.

— Escucha a tus clientes y trátalos con respeto.

— Envía siempre los presupuestos más baratos y honestos.

— Bebe solo con moderación.

# ¿Cómo nos define el lenguaje que utilizamos?

Toda cultura comienza con el idioma. El lenguaje crea significado, estructura y sostiene visiones del mundo. Si observas nuestro mundo, actual verás cómo los líderes y políticos utilizan el lenguaje para dar forma a mentalidades y creencias. Esto puede tener resultados que causan profundas divisiones.

Por mi trabajo sé que el lenguaje que usamos puede crear un espacio, un entorno y una cultura colaborativos, que preserven y fomenten la confianza, que honren la creatividad y la autonomía. Todo esto depende de las palabras que elegimos. Si utilizamos el lenguaje de la guerra, ¿cómo nos afecta? Si utilizamos el lenguaje del poder, esto puede influir en las acciones que se emprenden después. Como dijo la escritora Toni Morrison: «El trabajo con las palabras es sublime... porque es generativo; construye el significado que asegura nuestra diferencia, nuestra diferencia humana, la forma en que somos como ninguna otra vida».

Esta aplicación del lenguaje, lo que decimos y cómo nos expresamos, se convierte en el sistema nervioso de una organización. Comienza en el interior y se manifiesta en el exterior, definiendo cómo actuamos y en qué creemos. ¿Usarás el lenguaje de la empatía y la compasión? Deshazte de la jerga. Usa un lenguaje sencillo con oficio y habilidad, poético, incluso.

# ¿Es auténtico/verdadero?

«La belleza es verdad, la verdad, belleza», escribió el poeta John Keats en *Oda a una urna griega*, concluyendo que eso es «todo lo que necesitáis saber». Tu negocio debe transmitir honestidad: honesto con su propósito, honesto en relación a cómo funciona su cadena de suministro. La transparencia es el sol bajo cuyos rayos florece la verdad. Si creemos que una persona, una empresa o una organización son sinceras, entonces podemos establecer un diálogo que difiere mucho de una conversación superficial. Como sugirió la filósofa Onora O'Neill, las organizaciones no deberían intentar generar confianza; más bien, deberían esforzarse por demostrar honradez, lo que requiere honestidad, conocimiento y confiabilidad.

Tu modelo de negocio debería transmitir sinceridad. Las empresas que no son transparentes en el proceso de compra, se mueven en la oscuridad. Siempre es mejor estar del lado de la verdad. Cada día vemos más empresas de distintos sectores que tienen procesos que hacen gala de una transparencia radical. Por otro lado, se exige cada vez más claridad en el origen y trazabilidad en las cadenas de suministro.

Ética y simple honestidad conforman la base de una buena sociedad. Seamos realistas: los negocios son parte de nuestra sociedad. Por lo tanto, tener un conjunto de pautas de honestidad es parte fundamental de la tarea de dirigir un negocio.

# ¿Parece ineludible?

Imagínate lo agradable que es estar sentado en el primer café de Monmouth, en Covent Garden, fundado en 1978. ¿Qué sensaciones te transmite esa silla cuando te sientas a leer esto? ¿Resulta intuitivo? ¿Qué hace que esa pieza de diseño transformacional resulte tan bonita como para que te alegre estar ahí?

¿O qué hace que te sientas como en casa al entrar en un hotel? De lo que trata la experiencia es de sentir y navegar a través de este mundo. Experimentar una sensación de inevitabilidad elimina la fricción: sienta bien de manera natural. Cualquier experiencia debería parecer ineludible. Es el momento en que nos rendimos al asombro. Lo maravilloso es alegre. Significa que estamos totalmente entregados, entregados a la experiencia, ya que nos introduce en un mundo diferente. Este principio lo he utilizado en las cosas que he diseñado en mi vida. El mundo natural está lleno de maravillas. Cuando camino por la enorme extensión de Holkham Beach, en Norfolk, donde tierra, mar y cielo se encuentran, y experimento toda su majestuosidad, no pretendo rediseñarlo. Simplemente me encuentro en un estado de asombro y alegría.

Diseñar la inevitabilidad requiere muchísimo trabajo. Es una forma de seducción, pues la experiencia es tan completa que significa que no te resistes, sino que sucumbes. Cada vez que diseñas o haces algo, te tienes que preguntar: «¿cómo hacer que parezca tan ineludible que la gente no se lo pueda imaginar de otra manera?». Cuando tenemos una experiencia realmente buena, normalmente queremos más, y también deseamos contárselo a nuestros amigos. He paseado por Holkham Beach durante los últimos treinta años. Cuando puedo, me tomo mi café en el Monmouth Coffee Shop de Monmouth Street, en Covent Garden.

# ¿Venderías estos servicios y productos a tu familia?

Hace tiempo dirigí un programa de diseño y liderazgo de Negocios Bellos con el CEO y setenta jefes de división de una gran empresa. Tras una serie de ejercicios, una mujer se puso en pie frente al grupo de liderazgo e hizo la siguiente declaración: «Deberíamos estar haciendo los productos y servicios que nos gustaría vender a nuestras familias».

Hubo un momento de silencio. Aplicar la belleza a los negocios tiene efectos interesantes en las personas. Tal vez la idea de hacer únicamente cosas que venderías de manera voluntaria a amigos y familiares no era tan evidente como había supuesto al principio. Para esta mujer, se había convertido en una cuestión de propósito social. Se dio cuenta de que su negocio era parte de la sociedad, no algo separado de ella. La compañía se entrelazaba con la familia, la comunidad, los pueblos y las ciudades.

La pregunta es, entonces, ¿al servicio de quién estás? Si no estás haciendo esos productos y servicios que tu familia consumiría con gusto, ¿qué haces exactamente?

# ¿Disfrutarás del proceso?

«¿Por qué importa?» está conectado con el proceso creativo y el disfrute. Crear belleza duradera o construir un negocio bello puede ser, y a menudo lo es, difícil. Se necesita perseverancia cuando desafiamos la ortodoxia empresarial, el *statu quo*, y despertamos resistencias. Nadie dijo que fuera fácil. Acepta las dificultades y disfrútalas, porque estás vivo y en el ojo del huracán. Es ahora cuando, después de haber enderezado tu negocio, sabes que no importa lo grande que sea la tormenta, la superarás y triunfarás. Disfruta del proceso.

# ¿Cómo vas a crear un legado?

¿Qué vas a dejar para la posteridad? ¿Para la sociedad, para la tierra? Tu trabajo podría convertirse en una contribución, en algo que aumentara el potencial de nuestro mundo.

6
**Dos casos
de éxito**

# Veja: cómo diseñar y crear un negocio ético

> Decidimos hacer zapatillas porque este producto es un símbolo de nuestra generación y nuestra era. También es un producto en el que cristalizan los principales problemas de la globalización, a través de su producción, difusión y uso.
>
> Sébastien Kopp, cofundador de Veja

Con una estilosa oferta hecha en Brasil, Veja toma su nombre de la palabra portuguesa *veja*, que significa «mira». Miremos en este caso más allá de las zapatillas y veamos cómo se fabrican.

Veja es una empresa fabricante de zapatillas deportivas realmente comprometida con la regeneración, como lo demuestra la manera ética y sostenible en que obtiene sus materias primas y la forma en que procesa y fabrica sus productos. Las personas que contrata, cómo envía sus productos e incluso dónde compra la electricidad, todo ello refleja ese nuevo anhelo de las empresas por convertirse en negocios por un mundo mejor, anteponiendo su propósito a las ganancias.

Sébastien Kopp y François-Ghislain Morillion crearon la empresa tras vivir experiencias personales en negocios con prácticas desleales y poco éticas. Asistieron a la recolección y el procesamiento insostenible de materias primas que infligen daños catastróficos a los seres humanos y al medio ambiente. Se preguntaron si serían capaces de crear un negocio de otra manera, de principio a fin, si podrían construir un negocio en el que la justicia ambiental y social fueran esenciales. Estaban convencidos de que, a nivel mundial, las empresas acumulan más poder que los políticos o incluso los estados soberanos. Si queremos ofrecer otro modelo, argumentó Kopp, intentemos crear una empresa desde cero que marque la diferencia. Con vistas a emprender su viaje de «desobediencia comercial», fundaron Veja en 2004 con un préstamo de 50.000 euros.

¿Por qué se decidieron por zapatillas deportivas, cuando no tenían experiencia en la industria de la moda? Porque era un producto que habla a su generación. Pero ¿cómo empezar? Se hicieron una pregunta que al parecer pocos se plantean: ¿cómo se fabrica realmente nuestro producto? Deshicieron el camino hasta el principio de la cadena de suministro. ¿De dónde viene la materia prima?

Mientras descubrían las respuestas a estas preguntas, se hacían las siguientes, referidas a cómo reemplazar las materias primas nocivas para el medio ambiente por otras naturales y ecológicas. Así es como llegaron a Brasil, en busca de caucho cosechado de manera sostenible, que crecía silvestre solo en el Amazonas. Era hora de aprender portugués.

Para estos debutantes en el estudio de las zapatillas deportivas y sus procesos de fabricación, conocer el algodón orgánico les permitió entender la magnitud del daño inmediato, combinado con el daño a largo plazo, que el cultivo del algodón no orgánico inflige a los productores y su entorno. Los agricultores orgánicos con los que hablaron Kopp y Morillion en Brasil no querían saber nada más de la producción química del algodón, que les había hecho enfermar mortalmente.

Veja trabaja ahora con cooperativas brasileñas de pequeños productores en el cultivo de algodón (orgánico), la recolección de caucho y el ensamblaje de sus productos.

El caucho proviene del Amazonas, uno de los pocos lugares donde los árboles de caucho crecen silvestres. Veja compra el caucho por encima del precio establecido, lo que garantiza que no haya incentivos comerciales para decantarse por la tala o la deforestación, protegiendo así el medio ambiente. Lograr despertar la confianza necesaria para la negociación con las familias de *seringueiros* (las que cosechan y procesan el caucho) llevó varios años. El cuero que se utiliza para las colecciones de zapatillas está curtido con extractos de acacia, una alternativa natural y no contaminante a metales pesados como el cromo. A diferencia de los procesos de curtido modernos, el de Veja reduce el riesgo de contaminación aguda del agua. La empresa analiza qué químicos podrían ser nocivos. Veja también fabrica zapatillas veganas.

Desde 2004, la empresa fija el precio de su algodón orgánico y agroecológico por adelantado, en convenio con las asociaciones de productores del estado de Ceará. Así, el precio no está correlacionado con el mercado de valores y sus fluctuaciones, y los contratos ofrecen a los productores una mayor seguridad financiera que si estuvieran vinculados al ciclo bursátil. Esta seguridad es tanto más fuerte cuanto saben lo que van a ganar con el algodón incluso antes de plantarlo. Veja también paga una prima colectiva de 0,2 euros por kilo de algodón a las asociaciones para que mejoren sus condiciones laborales.

En Francia, Veja trabaja con Ateliers Sans Frontières, una organización social benéfica que promueve la integración profesional de personas excluidas del mercado laboral, ofreciéndoles un trabajo remunerado, apoyo social y ayuda para desarrollar un plan de carrera. Son los responsables de recibir las zapatillas deportivas enviadas desde Brasil, organizar pal reto es construir un buen equipo, el equipo correcto, rico en ideas y diversidad. Kopp dice: «El mayor éxito de Veja es el equipo: representa una extraordinaria diversidad».

## Maestro y comandante

Veja es cien por cien propiedad de sus dos fundadores. Kopp argumenta que se habla demasiado del dinero, la inversión y el rápido crecimiento. Esta obsesión por la velocidad crea una falsa sensación de urgencia. «No me gusta la urgencia, pues hace que cometas errores», dice.

## La importancia de las cosas

Para los fundadores de Veja, las cosas importan: ¿cómo se fabrican sus zapatillas? ¿Cuánto se les paga a los trabajadores? ¿Cuánto gana un productor de algodón orgánico? ¿Cuáles son los productos químicos utilizados en un par de zapatillas Veja? Hacerse y responder a estas preguntas los ha llevado por el camino de la transformación. Esto abarca la regeneración, la economía circular, el liderazgo como generosidad y la responsabilidad hacia «el total»: el concepto de que somos responsables de lo que tomamos, hacemos y desperdiciamos.

Fíjate en la experiencia del producto en sí, en la calidad, la elegancia, el lenguaje de la empresa, la transparencia, la trazabilidad y la elaboración de algo que venderían con gusto a sus amigos y familiares. Cada día trae consigo desafíos complejos, pero la satisfacción de hacer el bien en los negocios no tiene precio. Eso es lo que el dinero no puede comprar: un legado que vale la pena.

Ahora puedes comprar zapatillas Veja en tiendas de todo el mundo. Cuando estés fuera de casa, mira hacia abajo y observa qué lleva la gente en sus pies. Como me dijo mi amigo *millennial*: «Queremos lo genial y queremos lo correcto».

# Climeworks: haciendo algo verdaderamente hermoso

La inspiración le llegó a la empresa suiza Climeworks hace veinte años. Los dos cofundadores, Christoph Gebald y Jan Wurzbacher, se conocieron por casualidad en su primer día como universitarios en el Instituto Federal Suizo de Tecnología, en Zúrich. Los dos ingenieros descubrieron su amor compartido por los deportes alpinos. Durante unas vacaciones de esquí de tres meses en Chamonix, en Francia, experimentaron de primera mano el rápido retroceso de los glaciares, que refleja los efectos del cambio climático. Equipados con su material de esquí, observaron en la montaña una escalera de cincuenta metros que los montañistas usaban para bajar al glaciar. Los lugareños explicaron que cada año había que añadir dos metros a la escalera. Los ingenieros sintieron que no podían desentenderse de tal evidencia.

Y en su plan para crear un negocio que abordara el cambio climático se encontraron con un desafío. Estudios científicos señalan que, para 2050, el mundo necesitará eliminar anualmente diez mil millones de toneladas de dióxido de carbono de la atmósfera. No se trata tanto de una cuestión de reducción, sino de absorber el carbono que calienta el planeta. Por esta razón, Gebald y Wurzbacher decidieron desarrollar una tecnología que pudiera capturar dióxido de carbono ($CO_2$) directamente del aire. Aspiraban a reciclar el $CO_2$ capturado en el aire nibilidad aún más amplio como número uno en su lista de prioridades. Esto nos lleva, de nuevo, a lo que demandan las personas en la sociedad en general. «La única forma que tenemos para avanzar es pensar en círculos —dice—, actuar como una economía circular, contar mejores historias y permitir que las personas contribuyan de manera significativa.»

Wurzbacher añade que sus batallas son historias de fe. Así, no deberíamos contar la historia de manera que sugiera que debemos dejar de hacer cosas. En su lugar, tenemos que construir una narrativa positiva. «Cada historia que contamos trata sobre cómo podemos hacer algo, cómo podemos actuar. Hay tecnología para solucionar muchos problemas. Soy esquiador y windsurfista, y quiero seguir haciendo estas cosas. A veces necesito subirme a un avión para ir a alguna parte, y espero poder seguir haciéndolo, pero de una manera sostenible.»

Aquí es donde entra en juego la idea de diseñar algo realmente bello. Wurzbacher explica que la belleza se puede encontrar en una solución que tenga unas bases a largo plazo. «Creo que la belleza es algo que nos podría sustentar en el futuro. Podríamos construir un cohete que tenga una cantidad finita de energía que se queme y luego tenga que volver a la tierra —dice—. O también podríamos construir un barco impulsado por energía solar que teóricamente pudiera dar la vuelta al mundo ininterrumpidamente. Podría, incluso, contar con un equipo de mantenimiento y reparación del barco a bordo, eso es hermoso.» Ecos de las ideas de John Ruskin.

## El poder de las personas

Según Wurzbacher, todo el mundo puede contribuir. «Es algo que hace tiempo que tengo en la cabeza —dice—. Cada vez veo más gente que nos pregunta, ¿cómo podemos ayudar?» Y reflexiona sobre el hecho de que una tarea puede parecer imposible de afrontar para un individuo, pero no para un colectivo: la herramienta más poderosa para desencadenar la acción es que todos pongan su granito de arena. Y añade: «Si cada empleado le pidiera a su empleador que se volviera sostenible, este último tendría que hacerlo... Nosotros siempre hemos dado la bienvenida a las personas que se han acercado a nosotros».

El cofundador de Climeworks continúa: «Creo en el poder de las personas y en el poder de percepción de las personas. Como fueron tantos los que se pusieron en contacto con nosotros, buscamos la manera de empoderarlos para que contribuyan en la lucha contra el cambio climático y, en concreto, con la reducción de $CO_2$». Han introducido un elemento de sostenibilidad en su innovador modelo de negocio que consiste en la creación de un servicio con el que las personas pueden contribuir a retirar $CO_2$ de la atmósfera.

«Nos vimos desbordados por la reacción, sin ningún tipo de marketing. Somos ingenieros mecánicos. Nuestro modelo de negocio era "vendemos máquinas"; pero no funcionaba así. El típico modelo de negocio de una empresa no es comprar una máquina que extrae $CO_2$ de la atmósfera», dice Wurzbacher.

«Nos dimos cuenta de que una empresa tiene un objetivo climático. Las personas desean actuar en relación al cambio climático. No tienen la capacidad, la infraestructura y el hardware para hacerlo, pero, como un servicio, la idea les puede encantar. Ahora ofrecemos la eliminación de carbono a clientes corporativos y particulares como un servicio».

Este ingeniero aventurero tiene grandes aspiraciones de cara al futuro. «Espero que podamos escalarlo no solo por los ingresos, sino también porque eso nos permitiría influir en política. Sería importante llegar a tener un millón de pioneros haciendo esto con nosotros algún día, no solo para generar efectivo y escalar nuestra tecnología, sino también para impulsar el cambio a nivel de políticas, lo cual es aún más crucial. Lo que estamos construyendo es una nueva industria, un nuevo ecosistema».

## Valores

Climeworks está haciendo algo verdaderamente hermoso con relación a los valores fundamentales de este libro: belleza, naturaleza, biomímesis, diseño, valores y métricas, y gobernanza. La empresa suiza trabaja en nombre de dos partes clave implicadas: la sociedad y la tierra. A los dos cofundadores los define su cosmovisión basada en valores. Su deseo es aportar al mundo formas más responsables y ecológicamente restauradoras de hacer negocios.

La empresa respeta la naturaleza y acepta la responsabilidad de regenerar la tierra. Esto nos retrotrae a esa relación más profunda de la humanidad con el mundo natural. Según la tabla de métricas de creación de valor de una economía regenerativa, Climeworks está dando, no tomando. La empresa responde a la máxima de John Ruskin que dice que debemos centrarnos en cosas que nos sustentarán por una eternidad.

En consonancia con el principio de que la naturaleza es el mejor diseñador que tenemos, Climeworks está aplicando lecciones de biomímesis. Inspirándose en sus principios, la empresa adopta la economía circular para el trabajo a largo plazo. Es aquí donde a menudo falla la innovación tecnológica, ya que los inversores exigen éxito cortoplacista. En ese sentido, los fundadores de Climeworks están siendo buenos predecesores, creando un legado para las generaciones futuras. Sin duda, líderes con una historia cautivadora que inspira y motiva.

Climeworks demuestra capacidad para concebir una solución novedosa a un problema complicado, con un acto supremo de ingeniería de diseño. Yo creo que un gran diseño es la perseverancia alimentada por el optimismo. Mi amigo Laurence John, cofundador de CTRLIO, me dijo una vez: «La belleza es como un gen; los genes no hacen nada, pero nada sucede sin ellos, mientras que la proteína hace el trabajo: muéstrale a la gente la proteína». En este punto, Climeworks está haciendo belleza.

La planta geotérmica Hellisheiði ON, Islandia

# 7
## «Re»:
## un manifiesto
## para el futuro

Otro mundo no solo es posible, sino que está en camino. En un día tranquilo, puedo escuchar su respiración.

—

Arundhati Roy

Este libro trata sobre lo que nos hace humanos, lo que nos completa y cómo construimos un mundo en el que vale la pena vivir, no solo para nosotros, sino para todos los que vendrán después. Todos necesitamos crear un legado. Mi esperanza es que *Construye valor* haya servido de inspiración y haya capacitado a los lectores, entrelazando lo práctico con lo que emociona. Porque, de lo contrario, ¿por qué estamos aquí y qué significa todo este esfuerzo?

En mi anterior libro, *Diseña*, hablaba de la filosofía de la acción, sugiriendo que la belleza era un verbo, no un sustantivo, porque los verbos describen que la vida es animada. Mi intención es esbozar la posibilidad de que todo lo que hacemos, todas nuestras prácticas, están basados en la acción, y que en esa acción la belleza siempre está presente. «Haciendo belleza» podemos hacer el bien en los negocios, tanto individual como colectivamente. Ahora me gustaría proseguir con un manifiesto para el futuro.

# De la acción al «Re»

Este manifiesto se fundamenta en la filosofía de «Re». El concepto «Re» sienta las bases sobre las que hemos de reconstruir ese mundo en el que todos quisiéramos vivir y poder describir como bello. «Re» de regeneración. «Re» nos lleva más allá de la mentalidad de sostenibilidad. Nos ofrece algo más rico, más satisfactorio; es el camino universal que conduce hacia el florecimiento de toda vida.

Queda mucho trabajo por hacer si queremos que la belleza sea nuestro regreso al hogar. La regeneración es crear abundancia y restaurar la dignidad para todos. En los próximos años, nuestra tarea será hacer regalos al mundo de la misma manera que la naturaleza nos los hace a nosotros. Nuestras acciones deben ser actos de reciprocidad.

La escritora de naturaleza Robin Wall Kimmerer explica en su libro *Braiding Sweetgrass* por qué esto es cierto: «Las comunidades pioneras tienen un importante papel en la regeneración, pero no son sostenibles a largo plazo. Cuando llegan al límite de lo fácil, la energía, el equilibrio y la renovación son el único camino posible, con un ciclo recíproco entre los sistemas de sucesión tempranos y tardíos, cada uno abriendo la puerta al otro. El bosque ancestral es tan impresionante en su elegancia funcional como en su belleza».

Nuestro trabajo debe construirse a partir de la naturaleza. Podemos aprender a inspirarnos en su modelo de diseño; hemos de usar el diseño como una fuerza civilizadora. Piensa qué sucedería si todas las personas que programan en este mundo lo hicieran movidos por la belleza, si programaran su código para obtener resultados bellos: ¿qué mundo crearíamos? Empieza por reconectarte con un conjunto de valores que marquen el camino para que el bien llegue a tu vida diaria. Estos valores tienen que ver con la compasión, la empatía, la reciprocidad, la generosidad y el respeto mutuo.

## Belleza: la métrica decisiva

Garantizar que diseñamos maneras de poder medir la vuelta al equilibrio entre economía, ecología y comunidad también es nuestra responsabilidad. El equilibrio exige que nos ocupemos de la escalabilidad y el crecimiento. Tenemos que diseñar negocios escalables como ha previsto la naturaleza, en lugar de crearlos para un crecimiento infinito. Piensa cómo fluye el agua de una fuente, o de un manantial a un río y de un estuario a un océano; todos están conectados, todos son necesarios. El crecimiento debe ser circular, y recíproco.

Si al escalar tomamos más de lo que somos capaces de retornar, o si generamos sufrimiento, entonces no deberíamos forzar esa escalada del negocio. Si vamos a crecer, debería ser de manera que el crecimiento parezca ineludible y continúe creando abundancia en el mundo. ¿Nos necesita el mundo, y nos necesita aún más?

## Liderando con generosidad

Al regenerar nuestro mundo, necesitamos un liderazgo enraizado en la sabiduría. Es un liderazgo imbuido de valores y que desea convertirse en un buen predecesor. Tu trabajo, crear un legado para generaciones futuras, es tu regalo al mundo. Enfocar el liderazgo como generosidad es el camino a seguir. Se trata de saber cómo alimentar culturas de trabajo alegres y crear un lugar donde las personas amen el trabajo que hacen. Las cosas hermosas solo se pueden hacer con amor.

Un líder bello asume toda la responsabilidad que le toca, desarrollando sus propias prácticas para restaurar y regenerar la economía y el medio ambiente. De lo contrario, ¿cómo liderar con generosidad, compasión y empatía?

# La narración de historias

El liderazgo requiere que seas un buen narrador, avivando la imaginación de las personas e invitando a otros a beber de los más profundos manantiales de su creatividad. No nos engañemos, las palabras crean mundos; el lenguaje es generativo. Las historias describen cómo podemos estar en el mundo. Podemos ver lo que representan, así como las ideas que contienen. Si mediante el relato no podemos retratar un nuevo destino que emocione, inspire y despierte un anhelo en las personas, nunca llegaremos allí. Pensemos en la crisis climática: todos estamos condenados. ¿Cómo te sientes? ¿Emocionado, motivado, listo para entregarte en cuerpo y alma a la tarea que tenemos por delante? Improbable. Pero ¿qué pasa si pensamos en el cambio climático como una oportunidad que nos ofrece los medios para repensar, rediseñar y rehacer nuestro mundo? Puede que algunos lo tachen de utópico, pero no podemos crear ni descubrir nada sin fe ni optimismo, ni siquiera en las condiciones más amenazantes.

Las historias que perduran contienen una verdad y un simbolismo irreductibles, impermeables al tiempo. Las historias que contemos ahora deben describir nuestra búsqueda de la regeneración. Si nuestras historias no sirven de inspiración para convertirnos en quienes queremos ser, entonces también fallamos. Pero cuando triunfamos, nuestras historias inspiran el deseo de un mundo mejor y generan la capacidad de hacer grandes cosas, cosas que trascienden generaciones.

Comienza a construir y liderar tu negocio utilizando los principios de liderazgo y las trece preguntas de diseño que se plantean en este libro. Piensa qué podría inspiraros a ti y a tu organización que os ayudara a crear un negocio enfocado en reconstruir, restaurar, rediseñar, recrear, reciclar y reforestar, de manera que puedas ofrecer al mundo los obsequios que este necesita.

Apéndice:
**50 hermosos
negocios**

De alguna manera entendí muy pronto que una idea puede ser algo muy hermoso, tan hermoso como un objeto o cualquier otra cosa. Y una vez que entiendes eso, estás abierto a las cosas y tal vez las busques.

Daniel Marzona

En los últimos años me he dedicado a investigar empresas que muestran cómo podemos vivir y trabajar con más elegancia y dignidad, cómo podemos dar un mejor servicio a la sociedad y cómo regenerar nuestro planeta. Evocando el ethos de la artesanía, estas empresas son las creadoras de la civilización, pues generan las condiciones propicias para que la vida prospere.

Representan diferentes aspectos de la escalabilidad, y demuestran que el crecimiento necesita tiempo, cuidado, amor y atención; el crecimiento no es infinito. Encarnan la verdad de que la vida prospera cuando se da en un ecosistema diverso: este es el modelo de diseño de la naturaleza. Todas estas empresas (y me he atrevido a incluir algunas ciudades e incluso un país pionero) muestran un liderazgo que cree en hacer el bien en los negocios, al tiempo que ejemplifican la calidad en el pensamiento y la acción. Todos hablan el lenguaje de la belleza. Lo que sigue es una breve descripción de cada empresa. Considéralo un laboratorio de aprendizaje para poner a prueba tus propias ideas sobre cómo lograr que tu negocio sea más bello. (No todas estas empresas resistirán la prueba del tiempo, por supuesto. Es posible que algunas ni siquiera sobrevivan a las turbulencias de 2020, pero si lo hacen, entonces son, como mínimo, un maravilloso ejemplo de resiliencia.)

## 1. Veja

Veja fabrica zapatillas. Si bien la moda hace que todo el mundo quiera este tipo de calzado, esta marca francesa las fabrica utilizando una cadena de suministro más transparente y materiales más sostenibles que muchos de sus competidores. Cada vez más, los clientes exigen responsabilidades a las marcas, quieren todo el estilo y ninguno de sus feos secretos. *project.veja-store.com*

## 2. Páramo

Páramo es una de las pocas marcas de ropa para actividades al aire libre sin PFC del mercado. Páramo utiliza una tecnología textil alternativa y garantiza que todas sus prendas pueden ser recicladas. Los PFC, o compuestos perfluorados, son un elemento básico en muchas telas utilizadas para el aire libre. Gustan a las grandes marcas de la industria porque crean una capa exterior porosa que permite que los materiales impermeables y resistentes al agua respiren, al tiempo repelen el agua y el aceite. *paramo-clothing.com*

## 3. What3Words

What3Words es una herramienta de navegación y geolocalización que divide el mundo en cuadrados de 3 m por 3 m. Tómate un momento para pensar en la escala del concepto. No hay nada comparable, ni sistema de código postal que se le acerque. Algunos países ni siquiera usan códigos postales, o son tan grandes que no existe sistema que disponga de tal granularidad de ubicación. Cada cuadrado tiene una dirección de tres palabras que nunca cambia en What3Words. La herramienta puede ayudar a encontrar amigos en un lugar remoto o en un festival de 50.000 personas, a enviar ayuda humanitaria urgente o incluso a salvar vidas en zonas remotas del mundo. What3Words ofrece precisión de geolocalización cuando más se necesita. *what3words.com*

## 4. Naim Audio

En su sede de Salisbury, Reino Unido, Naim Audio ha diseñado y producido equipos musicales a mano desde que se registrara en 1973. Esta compañía de sonido exporta ahora a más de 45 países y tiene una gama de más de sesenta productos. Es una historia de calidad, la calidad del sonido en este caso, la calidad de la experiencia y cómo eso puede cambiar cómo te sientes. Pero hay más. Naim fabrica sus sistemas Hi-Fi para que te duren toda la vida.

*naimaudio.com*

## 5. Worldreader

Todo niño tiene derecho al conocimiento, conocimiento al que se puede acceder a través de la lectura. Con tecnología de bajo coste, libros digitales culturalmente relevantes y una red de socios corporativos y sin ánimo de lucro, Worldreader está ayudando a millones de niños en África a leer más. La aplicación móvil de la organización permite leer libros electrónicos en varios idiomas de todo el mundo. Es una historia excepcional que muestra cómo la tecnología puede escalar para bien.

*worldreader.org*

## 6. Museo Beyeler

Julien Robson, comisario de arte contemporáneo, ha estado en más museos de todo el mundo que la mayoría de nosotros. Le pregunté cuál era el más bello. Sin dudarlo, Julien respondió: «El Museo Beyeler en Suiza, diseñado por Renzo Piano». ¿Por qué hay un museo en esta lista? Porque el arte es parte de la vida. Los artistas son los astronautas culturales de nuestro mundo. Todos necesitamos que nos inspiren y nos desafíen.

*fondationbeyeler.ch*

## 7. La compañía de Guitarras de Santa Cruz

La Santa Cruz Guitar Company, fundada en 1976, construye a mano guitarras de cuerdas de acero. Son obras de verdadera artesanía. Esta empresa se preocupa por el origen de sus materiales, y es evidente que está totalmente dedicada a hacer las mejores guitarras. Hay un vídeo maravilloso (ver el enlace en Recursos), que los empresarios y CEO deberían ver y tomarse como una provocación en relación a cómo la ética de la artesanía aplicada al mundo del trabajo puede mejorar la vida. En el vídeo, Richard Hoover, el fundador de Santa Cruz, dice de la gente de su empresa: «Trabajamos por un propósito».
*santacruzguitar.com*

## 8. Waugh Thistleton

Waugh Thistleton Architects, con sede en Shoreditch, son pioneros en el campo de los edificios altos de madera, y un despacho centrado en el diseño y la construcción de viviendas sostenibles. Se trata de una de las empresas líderes a nivel mundial en el uso de madera de ingeniería en la construcción.
*waughthistleton.com*

## 9. Gränsfors Bruk

Gränsfors Bruk fabrica algunas de las mejores hachas del mundo. Su forma de crear valor —no solo en el producto, sino en toda la empresa— es su sostenido enfoque en la simplicidad. Sus diseños altamente perfeccionados se adaptan a su propósito, y cada fabricante de hachas es recompensado por la calidad sobre la cantidad. La compañía honra los materiales que utiliza, a las personas que las fabrican y a las que las usan.
*gransforsbruk.com*

## 10. Interface

Interface fabrica losetas de moqueta y revestimientos de suelos. En 2019 cumplió su objetivo de alcanzar la neutralidad de carbono, al rediseñar por completo su cadena de suministro y procesos de producción mediante la innovación tecnológica y la ambición creativa. Interface ya se encuentra embarcada en su próxima misión, llamada Climate Takeback, con la que quiere convertirse en un negocio regenerativo. La compañía aspira a restaurar el planeta y dejar un impacto positivo. Nunca es demasiado tarde para apretar el botón de reinicio y convertirse en un pionero.

*interface.com*

### 11. Florian Gadsby

Florian Gadsby es un ceramista con sede en el norte de Londres. Su obra representa la antigua tradición de la cerámica y la artesanía. Comenzó como aprendiz de Ken Matsuzaki en Mashiko, Japón, por lo que su trabajo tiene esa influencia, tanto en la forma como en el esmaltado. El trabajo hecho a mano sigue siendo necesario en este mundo. Hay una razón para el resurgimiento de los productos artesanales en términos de fabricación y uso. El gran artesano japonés Soetsu Yanagi descubrió la belleza en objetos funcionales cotidianos: «No hay mayor oportunidad para apreciar la belleza que a través de su uso en nuestra vida cotidiana».

*floriangadsby.com*

### 12. Xero

Xero es una plataforma de software de contabilidad dirigida a pequeñas y medianas empresas (pymes). La contabilidad es una de esas cosas que todos tenemos que hacer. El proceso puede resultar feo. O podría ser hermoso, tal y como se puede apreciar en un negocio bellamente diseñado como este. La compañía parte de una de esas verdades absolutas de la vida, los impuestos (no la muerte), y ofrece un servicio que nos simplifica la vida, con una experiencia de usuario (UX) y un modelo de negocio elegantes. *xero.com*

## 13. Brunello Cucinelli

Brunello Cucinelli lleva triunfando en la confección de ropa desde 1978. Aunque vende jerséis de cachemira de lujo, su enfoque comercial es ético. Paga a su personal más que el salario medio por sus funciones e insiste en que no trabajen más de ocho horas y media al día. Defensor de los negocios sostenibles, tiene un largo historial de actividades filantrópicas. Antes de la salida a bolsa de la compañía en 2011, Cucinelli invirtió el 20 por ciento de sus ganancias en la fundación familiar. Dirige una escuela de artesanía con sobredemanda. «Todo en este negocio tiene que ser amable. El beneficio es el regalo a la creación perfecta. Me gustaría obtener ganancias utilizando la ética, la dignidad y la moral. Creo en una forma de capitalismo, por supuesto. Pero me gustaría que fuera más humano», afirma.
*brunellocucinelli.com*

## 14. Good Hotel

Good Hotel da trabajo a desempleados de larga duración, ofreciéndoles la posibilidad de labrarse una carrera en el sector hotelero. Es un negocio con el cometido de financiar un programa de educación en Guatemala para familias de bajos ingresos. Un amigo mío se alojó recientemente en su establecimiento de Londres; dijo que el personal era increíble. Cada hotel utiliza recursos e ingredientes locales. Gracias a su sencillo y excelente diseño, el bienestar está incluido en la oferta. Tienen un letrero en el restaurante de su vestíbulo que dice: «Crea belleza. Haz el bien».
*goodhotellondon.com*

## 15. Hogewey

Creado en 2009, Hogewey es un barrio al estilo de un pueblo en la pequeña ciudad de Weesp, cerca de Ámsterdam. De acceso controlado, se diseñó como un centro pionero en la atención a personas mayores con demencia. Aquí, dichas personas pueden hacer lo que hacían antes, es decir, vivir una vida, del tipo que sea y de la manera más normal posible, mientras reciben atención de personal cualificado las veinticuatro horas del día, siete días por semana. Los residentes pueden moverse e interactuar con el mundo, lo cual puede reducir su necesidad de medicamentos. Se puede encontrar una solución bella a un desafío complejo como la demencia, solo hace falta compasión.

*dementiavillage.com*

### 16. Folkhem

Folkhem es una empresa de construcción que fabrica únicamente viviendas de madera. Fue una de las primeras compañías en registrar la EPD® de un edificio en este sistema internacional. La Declaración Ambiental de Producto (EPD®) es un documento verificado y registrado de forma independiente que proporciona información transparente y cotejable sobre el impacto ambiental de los productos a lo largo de sus ciclos de vida.

*folkhem.se*

### 17. Aarhus

Aarhus alberga un aparcamiento automatizado de varias plantas, uno de los primeros edificios de este tipo en Dinamarca. Los aparcamientos de varias plantas tienen muchos problemas: las colas para entrar y salir en horas punta, la seguridad personal por la noche o temprano por la mañana y los niveles de delincuencia. ¿Cómo se resuelve el complejo problema del aparcamiento urbano? El de Aarhus es un ejemplo de cómo la automatización resuelve con elegancia muchos problemas complejos. Y es una muestra de cómo hacerlo a escala urbana.

### 18. Falcon Coffees

Falcon Coffees es una empresa comercializadora de café que se abastece de café verde de dieciocho países productores y trabaja con tostadores de café de todo el mundo. Falcon Coffees compra café a comunidades campesinas de algunas de las economías más pobres del mundo. Su cometido es crear una economía más justa en el sector del cultivo de este grano, estableciendo una cadena de suministro más resiliente y regenerativa.

*falconcoffees.com*

## 19. Finisterre

Finisterre produce ropa para actividades el aire libre de calidad y hace de la sostenibilidad su forma de vida. La compañía se compromete a minimizar el impacto ambiental. Esencial en su misión es el abastecimiento circular, que incluye material textil renovable y reciclable, así como fibras y acabados naturales biodegradables. Finisterre también produce un traje de neopreno totalmente reciclable.

*finisterre.com*

## 20. Fairphone

El teléfono que se preocupa por las personas y el planeta es el eslogan de Fairphone. La firma holandesa tiene como objetivo mejorar las condiciones de las personas que fabrican teléfonos, así como abastecerse de materiales de manera responsable. Porque cómo se hace, importa.

*fairphone.com*

## 21. Piet Oudolf

El diseñador de jardines Piet Oudolf es uno de los grandes de la jardinería. El hombre detrás del movimiento *New Perennial* aplica la plantación naturalística a todos sus proyectos. Los jardines son restaurativos. Cuidamos nuestros jardines con cariño y amor. Son una metáfora de entrega desinteresada y de lo que uno recibe a cambio: satisfacción duradera.

*oudolf.com*

## 22. M-Kopa Solar

El sistema de iluminación y carga solar M-Kopa funciona según un modelo de prepago. Mientras escribo esto, ha llegado a más de 750.000 hogares. El mayor operador solar no conectado a la red pública en el África subsahariana ofrece energía limpia a los consumidores en Kenia, Uganda y Tanzania por una tarifa diaria. La misión de M-Kopa es mejorar la vida de las personas con bajos ingresos. Todos necesitamos luz cuando oscurece.
*m-kopa.com*

## 23. Alison Brooks

El despacho de Alison Brooks Architects cree que la arquitectura debe recuperar el lenguaje de la belleza para edificios, ciudades y pueblos. El trabajo arquitectónico de Alison Brooks se basa en cuatro ideales: autenticidad, generosidad, civismo y belleza.
*alisonbrooksarchitects.com*

## 24. Vitsœ

Vitsœ fabrica estanterías y muebles diseñados por Dieter Rams y utilizando material totalmente reciclable. La empresa diseña de forma reflexiva, responsable e inteligente, como se puede ver en sus muebles. Con sede en Leamington Spa, la fábrica ha sido diseñada y construida de manera altamente especializada. Dar larga vida a sus productos es el principio del trabajo de Vitsœ.
*vitsoe.com*

## 25. Sven Cycles

Desde su taller en Weymouth, Dorset, Sven Cycles se ha labrado la reputación de respetado fabricante de bicicletas de alta calidad. La compañía ha recibido varias veces el premio Bespoked Bicycle Show por su trabajo.
*svencycles.com*

## 26. La Cooperativa de Energía comunitaria de Oxford

La Oxford Community Energy Co-operative está a noventa minutos en coche de Toronto, en Canadá. Surgió a partir de la iniciativa de una comunidad local de recaudar nueve millones de dólares canadienses para financiar un parque eólico con diez aerogeneradores Senvion MM92. A finales de 2016 se hizo público que las turbinas generaban dieciocho megavatios de electricidad y alimentaban a 6.700 hogares, sin emisiones. Esta empresa cooperativa está creando trabajo a nivel local y sus miembros ganan dinero con su inversión.
*oxford-cec.ca*

## 27. Róterdam

La segunda ciudad de los Países Bajos, y el puerto más grande de Europa, atrae hoy en día a diseñadores, artistas y arquitectos que están remodelando y transformando la ciudad holandesa en un epicentro de innovación urbana. Desde hace cuarenta años, la administración local persigue el objetivo de desarrollar la ciudad para convertirla en un dominio verdaderamente público. Ubicado en una antigua piscina, Bluecity es un centro para empresas de innovación.
*bluecity.nl*

## 28. Biblioteca Central de Helsinki Oodi

¿Cómo diseñar para la comunidad a escala urbana? Construyendo una biblioteca multiusos. Oodi adopta forma de gran plaza y espacio urbano abierto, construido sobre las bases del aprendizaje, la inclusión, la comunidad y la cultura. Esto es Finlandia en su máxima expresión. ¿Qué es una biblioteca? ¿Qué contiene? ¿Al servicio de quién está? ¿Por qué es importante? Todas estas son reflexiones de su diseño.
*oodihelsinki.fi*

### 29. Finca del castillo de Knepp

Knepp Farm es una granja de 3.500 acres en West Sussex, a apenas 45 millas de Londres. La que antes se dedicara a la explotación lechera y agraria convencional, pasaba por dificultades financieras hasta que comenzó a regenerarse lentamente mediante un proceso de reforestación. Esto alentó el regreso de insectos, animales y aves, que ahora se encuentran en expansión, incluso la rara tórtola. La finca se ha convertido en un negocio rentable y en un reflejo de lo importante que es la biodiversidad para toda tipo de vida. Los ingresos de Knepp provienen ahora del ecoturismo, de una tienda agrícola que vende carne orgánica de alta calidad criada en la finca, de campamentos de lujo y del alquiler de edificios agrícolas para empresas, lo que ha creado doscientos empleos.
*knepp.co.uk*

### 30. Project Drawdown

Fundado por Paul Hawken, Project Drawdown es uno de los planes más completos de los propuestos hasta ahora para revertir el calentamiento global. La meta de este proyecto es ayudar al mundo a alcanzar el punto de «retorno» en el que los niveles de gases de efecto invernadero en la atmósfera dejen de aumentar y comiencen a disminuir, evitando un cambio climático catastrófico. El proyecto destaca las cien mejores soluciones para abordar el cambio climático.
*drawdown.org*

### 31. World Central Kitchen

Fundado por el chef y estrella Michelin José Andrés, World Central Kitchen abrió un extraordinario restaurante en Puerto Rico que sirvió millones de comidas a personas hambrientas después de que el huracán María devastara la isla en septiembre de 2017. La misión de esta compañía es proporcionar medios, recursos, educación y primeros auxilios

relacionados con los alimentos para comunidades de todo el mundo.
*wck.org*

## 32. Commonland

Commonland trabaja con iniciativas paisajísticas a gran escala. Su enfoque holístico para la restauración del paisaje comienza por conocer la economía de una región, los líderes locales, la capacidad de restauración ecológica y la propiedad de la tierra. La compañía explora el potencial de negocios regenerativos que pueden impulsar, lo que se denomina «4 Returns», un marco holístico para la restauración del paisaje a escala.
*commonland.com*

## 33. Patagonia

Patagonia fabrica ropa para actividades al aire libre y está enfocada en salvar nuestro planeta. Esta compañía ha sido de las primeras en alentarnos a pensar en el mundo en el que vivimos. Activista desde sus inicios, Patagonia educa a las personas en torno a su relación con la tierra y sus responsabilidades hacia el planeta.
*patagonia.com*

## 34. ReTuna

ReTuna es un centro comercial en Eskilstuna, a cien kilómetros al oeste de Estocolmo, Suecia, donde un amplio abanico de minoristas venden productos reciclados, reutilizados y restaurados, que van desde ropa de segunda mano a bicicletas, pasando por materiales de construcción y muebles. Es el Valhalla de todo eco-guerrero.
*retuna.se*

## 35. Comercio minorista sin residuos

Conforme la alarma por la cantidad de plásticos en nuestros océanos y microplásticos en nuestros pulmones crece, lo hace también el comercio minorista sin residuos. Minoristas de este sector son, por ejemplo, la tienda de cero residuos Natural Weigh en Gales; el supermercado de cero residuos Clean Kilo en Birmingham, Inglaterra; el supermercado ecológico OHNE en Alemania; y la franquicia The Source Bulk Foods, que tiene más de cincuenta tiendas en toda Australia y se está expandiendo al Reino Unido. Todas estas son respuestas a la necesidad de la gente de cambiar el mundo en que vivimos. Pensar en lo que hacemos y por qué lo hacemos debe convertirse en la norma. Cero residuos es buen diseño.
*naturalweigh.co.uk, thecleankilo.co.uk, ohne-laden.de, thesourcebulkfoods.co.uk*

## 36. Fundación benéfica Friluftssykehuset

Friluftssykehuset es una fundación benéfica creada en asociación con la firma de arquitectura noruega Snøhetta, que ha construido centros de convalecencia en la naturaleza conocidos como «friluftssykehuset». El término deriva del concepto noruego *friluftsliv*, la importancia de pasar tiempo en la naturaleza, combinado con la palabra también noruega *sykehus*, «hospital». La ciencia ha demostrado los beneficios de la convalecencia en la naturaleza, que incluyen recuperaciones posquirúrgicas más rápidas.

## 37. Produttori del Barbaresco

Produttori del Barbaresco elabora dos de los mejores vinos tintos de Italia, Barolo y Barbaresco. La cooperativa de la bodega fue fundada en 1958, aunque sus orígenes se remontan a 1894, antes de que fuera cerrada por Mussolini en la década de 1930. Produttori del Barbaresco fue una de las primeras bodegas de Italia en pagar a los agricultores por calidad en lugar de cantidad, y continúa estableciendo los más altos estándares de vinificación de entre todas las cooperativas del mundo. *produttoridelbarbaresco.com*

## 38. La Marzocco

La Marzocco fue fundada en Florencia en 1927 y hoy en día continúa siendo una empresa familiar cuyas máquinas de café hechas a mano figuran entre las mejores del mundo. Algunos aspectos de su política son la total devoción a su gente, su enfoque en la calidad y el énfasis en la innovación. *international.lamarzocco.com*

## 39. Tablas de surf Otter

Otter Surfboards, en Cornualles, fabrica tablas de surf de madera de bosques locales controlados. Son producto del surf y la carpintería fina, las pasiones gemelas y compartidas que impulsan el taller, con un importante guiño al planeta en el que vivimos. La compañía fue fundada por el artesano y diseñador James Otter. *ottersurfboards.co.uk*

## 40. Nueva Zelanda

En 2019, Nueva Zelanda hizo público su primer «presupuesto de bienestar» y pidió a sus ministerios que diseñaran políticas para mejorar el bienestar de sus ciudadanos. En el siguiente año fiscal, todos los gastos complementarios del país deben orientarse a una de las cinco prioridades del gobierno: mejorar la salud mental, reducir la pobreza infantil, abordar las desigualdades a las que se enfrentan los pueblos indígenas maoríes y de las islas del Pacífico, la transición a una economía sostenible y de bajas emisiones y prosperar en la era digital. Y para medir el éxito, el gobierno monitorizará indicadores no tradicionales, como la calidad ambiental percibida y el sentido de pertenencia.

## 41. El Bristol Bike Project

Durante un viaje en bicicleta por Noruega, a James Lucas y su amigo Colin Fan se les ocurrió parte de la idea del Bristol Bike Project. Este ayuda a personas de todo tipo a montarse sobre dos ruedas para desplazarse a y desde el trabajo. Mediante la gente con la que conectan diariamente, este proyecto alimenta la idea de una vida en movimiento que tiene el potencial de transformar una comunidad.

*thebristolbikeproject.org*

## 42. icebreaker

Icebreaker utiliza una fibra de la naturaleza diseñada para mantener vivo a un animal, la oveja merina, y la convierte en ropa natural de «alto rendimiento» para mantener a los humanos vivos en la naturaleza. Fundada en 1994, icebreaker fue pionera en el desarrollo de un sistema de capas de merino para su uso al aire libre. También fue la primera compañía de ropa para actividades al aire libre en obtener merino directamente de los agricultores a través de un sistema iniciado en 1997.

*icebreaker.com*

## 43. Bolt Threads

Bolt Threads aborda el problema de la contaminación provocada por la fabricación de textiles. Esta empresa ha desarrollado dos materiales y procesos de producción innovadores: Microsilk, inspirado en las propiedades de la seda de araña, y Mylo, un material de cuero hecho de micelio, que es una parte de los hongos. Los materiales de Bolt generan menos residuos y consumen menos recursos naturales en su producción, en un intento de reducir así el impacto ambiental. Bolt imagina un mundo en el que no tengamos que agotar o contaminar nuestros bosques, océanos y ríos para beneficiarnos de sus secretos naturales.

*boltthreads.com*

### 44. El Millennium Seed Bank de Kew Gardens

Las bóvedas del Millennium Seed Bank, en la zona de Wakehurst en Kew Gardens, West Sussex, albergan una creciente colección de semillas que representa una de las más grandes concentraciones de semillas de plantas vivas del planeta. El Millennium Seed Bank es un recurso mundial para la conservación y la educación sobre el uso sostenible de las plantas.
*kew.org*

### 45. Atelier Luma

Atelier Luma es un *think tank*, un taller de producción y una red de aprendizaje de la Fundación Luma. Situado en Arles, en la región de la Camarga francesa, Atelier Luma crea formas sostenibles de utilizar recursos naturales y culturales de la bioregión usando el diseño como herramienta para la transición.
*atelier-luma.org*

### 46. Rotor Deconstruction

Rotor Deconstruction no utiliza madera de árboles vivos, sino que recupera materiales de edificios declarados en ruinas. Cada residente belga tira un promedio de media tonelada de basura doméstica al año, que sumada equivale más o menos a la cantidad de material nuevo que importa el país. Para lograr una sensación de equilibrio, Rotor Deconstruction recicla y recupera materiales de construcción para su reutilización.
*rotordc.com*

### 47. Copenhagen

La capital de Dinamarca se ha fijado el objetivo de convertirse en la primera ciudad del mundo en alcanzar la neutralidad de carbono, en 2025, gracias a la instalación de cien nuevos aerogeneradores; a una reducción del consumo de la calefacción y la electricidad comercial del veinte por ciento; a que un 75 por ciento de todos los desplazamientos se realicen en bicicleta, a pie o en transporte público; a liderar la conversión de residuos orgánicos en biogás a nivel mundial; a la instalación de 60.000 metros cuadrados de nuevos paneles de energía solar; y a cubrir el 100 % de las necesidades de calefacción de la ciudad con energías renovables. Las ciudades también pueden ser líderes.

### 48. Kongō Gumi

Fundada en 578, la constructora japonesa Kongō Gumi operó durante 1.400 extraordinarios años hasta convertirse en una subsidiaria de Takamatsu en 2006. Está especializada en la reparación de templos budistas tradicionales utilizando técnicas y materiales de larga tradición. Lee más aquí: *worksthatwork.com/3/kongo-gumi*

### 49. Justdiggit

Justdiggit hace que la tierra seca vuelva a ser verde otra vez, inspirando y animando a la acción a los agricultores en África, lo cual tiene un impacto positivo en las personas, la naturaleza y el cambio climático. Restauran paisajes degradados mediante la combinación de técnicas tradicionales con nuevas tecnologías y una potente estrategia de comunicación. *justdiggit.org*

### 50.

Escribe tu nombre aquí.

Para que el amor regrese al mundo, primero debe regresar la belleza, de lo contrario amamos al mundo únicamente como deber moral. Límpialo, preserva su naturaleza, explota menos. Si el amor depende de la belleza, entonces la belleza es lo primero.

James Hillman, *La práctica de la belleza*

# Recursos

## Lee

*Del natural*
W. G. Sebald

*El arte de comunicar*
Thich Nhat Hanh

*El arte de amar*
Erich Fromm

*La belleza del objeto
cotidiano*
Soetsu Yanagi

*Biomímesis*
Janine Benyus

*Braiding Sweetgrass*
Robin Wall Kimmerer

*El artesano*
Richard Sennett

*Atrévete a liderar*
Brené Brown

*El diseño como actitud*
Alice Rawsthorn

*Divine Beauty*
John O'Donohue

*Drawdown*
Paul Hawken

*Growth: From Microorganisms
to Megacities*
Vaclav Smil

*Ideals Then Ideas*
Alison Brooks

*El silencio en la era del ruido*
Erling Kagge

*La soberanía del bien*
Iris Murdoch

*La magia de los sentidos*
David Abram

*Studio Olafur Eliasson:
The Kitchen*
Olafur Eliasson

*Timeless Beauty*
John Lane

*The Wandering Maker*
Machiel Spaan

*Wilding*
Isabella Tree

## Ve

*2040*
Dirigida por Damon Gameau
Un viaje inspiracional para descubrir cómo podría ser el futuro si nos limitáramos a aprovechar las mejores soluciones que existen hoy en día.

*Anselm Kiefer:*
*Remembering the Future*
BBC Imagine series

*Rams*
Dirigido por Gary Hustwit
Un documental sobre el diseñador industrial Dieter Rams.

*Richard Hoover Among Giants*
*Santa Cruz Guitar Company*
vimeo.com/95917765

*Tashi and the Monk*
Dirigido por Andrew Hinton y Johnny Burke
vimeo.com/95735800

## Cosas que hacer

Sal a dar un paseo cada día; camina por la naturaleza al menos una hora.

Todas las reuniones tendrían que ser caminando.

# Sobre el autor

Alan Moore es diseñador de negocios y un innovador cuya misión es ayudar a las empresas a descubrir su belleza propia y única. Trabaja directamente con empresas y organizaciones, asesora a equipos e individuos, imparte programas de liderazgo inspiradores y guía a sus clientes para diseñar y crear negocios regenerativos. Ha compartido su conocimiento como consejero y miembro de las juntas de empresas como Hewlett-Packard, Microsoft y Coca-Cola, en talleres y dando conferencias y clases en instituciones tan variadas como el Departamento de Tipografía de la Reading University, el MIT, la Sloan School of Management y el INSEAD.

Es autor de cuatro libros sobre creatividad, marketing y transformación de negocios, entre ellos *Diseña: por qué la belleza es fundamental para todo* (Kōan). Ha dado charlas en The Do Lectures, SXSW y el Hay Literary Festival, obteniendo gran repercusión en medios de comunicación.

Alan sigue desempeñando su labor como artista. Intenta llevar su vida de la forma más bella posible todos los días.

Puedes obtener más información en su sitio web, *beautiful.business*

# Agradecimientos

Mientras escribía este libro he sido bendecido con muchas conversaciones maravillosas, con experiencias y con manos amigas. Estoy realmente agradecido a todos los líderes empresariales, espirituales, fundadores de empresas, artesanos, activistas ambientales, arquitectos y académicos que tan generosamente me han dedicado su tiempo. A Liz y John, Mia y Jess Harrison: muchas gracias por prestarme su magnífica barcaza holandesa, donde pude escribir en paz, con vistas al río Cam. A Richard Pleasants, por ser un asesor leal y co-conspirador. A Tess Pleasants, por su amabilidad y auténtica amistad. A Mads Thimmer, CEO de Innovation Lab, gracias por hablar conmigo sobre la diferencia entre el modelo de economía extractiva vs. regenerativa, y muchas otras cosas más. A Johnnie Moore por sus aportes creativos, que siempre me empujan a dar lo mejor de mí mismo. A Charlotte Lawrence por su apoyo y sus comentarios. A Julien Robson, por su amor y amistad duraderos. A Nat Weiss, por toda su ayuda en Estados Unidos. A Julian Calverley, uno de los mejores fotógrafos de paisajes de Gran Bretaña y amigo de toda la vida. A *Piper*, mi perro, mi compañero de paseo y conversación durante once años, RIP. Al mundo natural por curarme, sin ti no lo hubiera conseguido. Por último, muchas gracias a mi editora, Miranda West, y al equipo de Do Books.

# Índice analítico

Las referencias de páginas en cursiva indican imágenes.

## Libros en esta colección